高职大学生心理健康教育

主　编　张海婷
副主编　张海崴　郭　岩　唐　帅
　　　　李敬原　李铁波

北京理工大学出版社
BEIJING INSTITUTE OF TECHNOLOGY PRESS

图书在版编目（CIP）数据

高职大学生心理健康教育／张海婷主编．—北京：北京理工大学出版社，2020.7（2021.8重印）

ISBN 978－7－5682－8571－1

Ⅰ.①高…　Ⅱ.①张…　Ⅲ.①大学生－心理健康－健康教育－高等职业教育－教材
Ⅳ.①G444

中国版本图书馆CIP数据核字（2020）第099359号

出版发行／北京理工大学出版社有限责任公司
社　　址／北京市海淀区中关村南大街5号
邮　　编／100081
电　　话／（010）68914775（总编室）
（010）82562903（教材售后服务热线）
（010）68944723（其他图书服务热线）
网　　址／http：//www.bitpress.com.cn
经　　销／全国各地新华书店
印　　刷／唐山富达印务有限公司
开　　本／787毫米×1092毫米　1/16
印　　张／10.5
字　　数／245千字
版　　次／2020年7月第1版　2021年8月第2次印刷
定　　价／30.00元

责任编辑／徐艳君
文案编辑／徐艳君
责任校对／周瑞红
责任印制／施胜娟

前　言

高等职业教育近年来得到了高速发展，为国家建设培养了大量高素质技能型人才，在社会建设和经济发展中起到了重要作用。但高职学生在各种压力下凸显的心理问题也日趋明显，甚至严重影响他们的学业以及未来发展前景，进而影响社会技能型人才的培养。因此，如何培养学生“自尊自信，理性和平，积极向上”的健康心态，成为新时代对高职教育的新要求。

本书在新冠病毒疫情期间编写完成。这场疫情成为一场波及全球的健康危机，不但考验着每个人的身体免疫力，同时考验着每个人的心理免疫力。特别是高职学生，他们是大学生群体中相对特殊的一个群体，传统价值观和评价体系对高职学生缺少认同，因此造成他们不能正确认识自我价值。纵然他们在动手能力、冒险精神以及创业精神上并不比本科院校学生差，但纵观高考教育体系，高职教育价值被普遍弱化，从而造成部分学生认为职业教育是低层次教育。这在很大层面上造成了学生的自卑心理，从而引发各种心理问题。

面对现有问题，要解决高职学生的心理困惑，传统的理论讲解或知识传授是不够的。尤其在信息量庞杂的网络时代，传统以理论知识讲解为主的心理健康教学已经难以满足当代大学生的心理需求。因此，心理健康教育需要参与、体验、实践多方结合，贴近学生实际需求，突出科学性、实践性、主导性、主体性、发展性、预防性等原则，强调大学生心理健康教育理念的传播和积极心理的培养。

本书以《高等学校学生心理健康教育指导纲要》的要求为准绳，贯彻以学生为中心的指导思想，在内容安排上，根据学生在大学阶段容易出现的各个成长性主题进行分类，关注大学生自我认识、学业发展、人际交往、情绪管理、职业生涯、情感困惑、生命意义等各个方面的问题，紧扣大学生日常生活中的心理困扰。在呈现形式上，以课前讨论及案例引入主题，以简明的心理学知识点结合具体问题呈现学习内容，并配合心理互动游戏、小测试等丰富课堂活动，帮助学生将课堂讲授与课后实践自然地结合，真正把心理健康的理念与学习内容带入生活中。

编　者

2020 年 4 月

目　录

第一章　关注大学生心理健康

【学习目标】

1. 了解心理与心理健康的概念，掌握心理健康的判定标准。
2. 了解影响大学生心理健康的因素和常见心理问题。
3. 了解判断心理问题的基本方法和心理咨询。

【课前讨论】

新型冠状病毒的肆虐让全世界人民的身心受到了不同程度的冲击，每个人都出现了不同程度的身心反应，谈一谈那时你的身心是一种怎样的状态。

【案例故事 1】

芳芳是个活泼开朗的大三女孩儿，所学的专业是医学护理。假期她给自己报了英语训练营，制订了一系列自我提升的学习计划，而且已经提前联系好了实习单位，对未来充满了期待。可是一场突如其来的新型冠状病毒疫情打破了这一切。每天不得不待在家的芳芳对疫情充满了恐惧，不停地刷手机，每当看到新闻里冲锋在前的医护人员，芳芳既感动又害怕。一想到自己所学的专业今后也会面临各种不可预知的病毒，心里就特别地矛盾、紧张和烦躁，动不动就发脾气，连平时最喜欢看的连载科幻小说也没了兴趣，更不用说那些学习计划了。食欲也明显下降，有时一天只吃一顿饭。夜里经常翻来覆去睡不着，脑子里都是关于疫情、实习的事情，甚至有时会偷偷落泪。芳芳怀疑自己得了抑郁症，于是拨通了学校的心理援助热线。

【案例故事 2】

小刚是大二的学生，除了性格有些内向，爱好还算广泛，他喜欢打篮球、摄影，还参加了学校的英语社团。可是在大一的一次英语演讲比赛中，因为准备不充分，中途忘了词，当他很囧地站在台上时，看到台下自己暗恋的女孩儿边笑边跟旁边的同学窃窃私语。当时他囧极了，感到自己全身都在颤抖，主持人叫了他两遍他才回过神儿来，他尴尬地说了句“sorry”，就匆匆跑下台。这件事对他打击很大，心情一直都处在低谷，特别害怕上公共课，因为会跟暗恋的女孩在一个阶梯教室上课。起初每到公共课他就找理由请假，由于请假次数多被老师在课堂上点了名，当时他觉得同学们都在背后议论他，晚上他做了一个梦，梦见自己站在舞台上，下面好多人对他指指点点，嘲笑他，醒来后发现出了一身冷汗。从那以后他开始独来独往，很少与人交流。最近他总能隐约听到有人在耳边议论和嘲笑自己，有一次晚自习他又听见有人在嘲笑自己，忍无可忍下他大喊："都给我闭嘴！"同学们都被他吓了一跳。之后同样的情况又发生了两次，在辅导员的劝说下，他走进了学校心理咨询中心。

读了以上两个案例故事，你或许觉得芳芳和小刚是自寻烦恼，甚至无法理解。这很正常，因为我们可能看不到也感受不到他们的心灵密码。那么芳芳和小刚目前的心理状态是否到了心理不健康的程度呢？心理健康的判断标准又是什么呢？

【理论与讲解】

一、心理健康概述

健康是人类生存与发展的基本要求之一，也是每一个大学生成人成才的基础。传统观点认为：健康是指人体生理机能正常，没有缺陷和疾病，即"无病就是健康"。随着现代科学技术的进步，现代医学的发展以及大量的医学实践表明：越来越多的疾病并不是由纯粹的生理因素造成的，而是由心理因素造成的。

（一）心理健康的含义

1946 年第三届国际心理卫生大会给心理健康下的定义为："所谓心理健康是指在身体、智能以及情感上与他人的心理健康不相矛盾的范围内，将个人心境发展成最佳的状态。"

心理学家英格里斯（H. B. English）认为："心理健康是一种持续的心理状况，当事者在各种情况下都能作出良好适应，具有生命的活力，并能充分发展其身心潜能。这是一种积极的丰富的情况，而不仅仅是免于心理疾病。"

社会学家玻肯（W. W. Bochm）认为："心理健康就是合乎某一水准的社会行为，一方面为社会所接受，另一方面能为自己带来快乐。"

精神病学专家孟尼格尔（Karl Menniger）认为："心理健康是指人们对于环境及个体相互之间最有效率以及快乐的适应情况。不只是要有效率，也不只是要有满足感，或者能愉快地接受生活的规范，而是需要三者具备，心理健康的人能保持平静的情绪、敏锐的思维、适应社会环境行为的能力和令人愉快的气质。"

我国心理学家叶弈乾认为："当所有的心理活动过程包括心理操作过程和心理适应过程以及两者的相互作用都处于正常状态时，个体心理才是健康的。"

综上，我们可以这样理解，心理健康不是指对任何事物都能愉快地接受，而是指在对待环境和问题冲突的反应上，能更多地表现出积极的适应倾向。因此，心理健康是一种积极向上、高效且满意的持续心理状态。

（二）界定心理健康标准时应遵循的基本原则

（1）心理活动与外部环境是否具有同一性，即一个人的所思所想、所作所为是否正确地反映外部世界，有无明显差异。

（2）心理过程是否具有完整性和协调性，即人在心理活动中认识、情感、意志三个过程内容是否完整，是否协调一致。

（3）个性心理特征是否具有稳定性，即人的个性心理特征在没有重大外部环境改变的前提下，气质、性格、能力等个性特征相对稳定，行为表现出一惯性。

由此可见，在具体界定心理健康标准时，一般应该从环境适应能力、挫折耐受能力、情感调控能力、社会交往能力、自我意识水平等方面提出明确的标准。

（三）大学生心理健康的标准

一般来说，大学生心理健康的标准可以概括为以下几个方面。

（1）智力正常。一般来说，智商在 80 分以上是人们学习、生活、工作的基本心理条件，也是适应周围环境变化的心理保证。

（2）情绪积极稳定。情绪积极稳定的标志是情绪稳定和心情愉快。它具体包括：愉快情绪多于负面情绪，乐观开朗，富有朝气，对生活充满希望；情绪较稳定，善于控制与调节自己的情绪，既能克制又能合理地宣泄；情绪反应与环境相适应。

（3）意志健全。意志是人在完成一种有目的的活动时所进行的选择、决定与执行的心理过程。意志健全者在行动的自觉性、果断性、顽强性和自制力等方面都表现出较高的水平。意志健全的大学生在各种活动中都有明确的目的，能适时地作出决定并运用切实有效的方法解决所遇到的问题；在困难和挫折面前，能采取合理的反应方式；能控制情绪和行为，而不是畏惧困难或盲目行动。

（4）人格完整统一。人格是指个体比较稳定的心理特征的总和。人格完整是指有健全统一的人格，即个人的所想、所说、所做都是协调一致的，个人具有正确的自我意识，能以积极进取的人生观作为人格的核心，并以此为中心把自己的需要、目标和行动统一起来。

（5）自我评价正确。正确的自我评价是一个人心理健康的重要条件。人们只有学会积极地自我评价，恰如其分地认识自己，摆正自己的位置，既不以自己在某些方面高于别人而自傲，也不以在某些方面低于别人而自卑，才能做到自尊、自强、自制、自爱，从而正视现实，积极进取。

（6）人际关系和谐。人际关系和谐具体表现为：乐于与人交往，既有广泛而深厚的人际关系，又有知心朋友；在人际交往中保持独立而完整的人格，有自知之明，不卑不亢；能客观评价别人和自己，善于取长补短；宽以待人，乐于助人；交往的积极态度多于消极态度，交往动机端正。

（7）社会适应正常。个体与客观现实环境保持良好的关系，即个体能正确地认识现实环境，能以有效的办法应对环境中的各种困难，能根据环境的特点和自我意识的情况努力进行协调，或者改善环境以适应个体的需要，或者改造自我以适应环境。

（8）心理行为符合年龄特征。不同年龄阶段的人具有不同的心理和行为特征，心理健康的人应具有与多数同龄人相符合的心理行为特征；反之，就是心理不健康的表现。

需要注意的是，心理不健康不等于有不健康的心理和行为。心理健康和不健康不是截然对立的，它们之间没有绝对的界限。心理不健康是指一种持续的不良状态，不能仅仅根据一段时间、一件事情就简单地得出一个人心理不健康的结论。人的心理健康状态从良好、一般、有轻度问题到有严重问题，是一个连续的过程。另外，人的心理健康状态不是固定静止的，而是一个动态变化的过程。一个人只有注重心理保健，学会自我调整，及时寻求心理帮助，才能保持良好的心理健康状态。

【课堂活动】

心理健康 VS 心理不健康

目的：帮助同学们了解心理健康的人在面对困难时的具体做法。

形式：分组讨论以下 5 个情境，如果你是“心理健康”或“心理不健康”的人，你会怎么想、又会做些什么？

（1）室友半夜视频跟别人聊天，干扰了自己休息。

（2）竞选学生会干部落选了。

（3）男朋友/女朋友坦白喜欢上了别人跟你提出分手。

（4）在学业上遇到了困难，突然觉得周围人都比自己强。

（5）无意中听见别人议论自己。

二、影响大学生心理健康的因素

（一）产生心理困扰的主要因素

由于大学生的心理发展尚未完全成熟，自我调节和自我控制能力还不强，加上难以适应环境变化，因此在处理学习、工作、社会、友谊、爱情以及个人与集体的关系，个人与社会的关系等复杂问题时，常会出现内心矛盾和冲突，造成心理发展失衡。大学生自我关注和人生目标的定位也较高，因此，面临的心理压力自然要比一般的社会成员大得多，其压力源也广得多。归纳起来，主要有以下几个方面。

1. 社会环境因素

（1）社会竞争的压力。随着我国社会的变迁，各项改革的深入发展，竞争机制在人才培养和就业制度上的引进等，大学生尤其是高职院校学生面临着各种竞争的压力。例如在经济转轨、社会转型期，大学毕业生由国家统一分配转向人才市场的双向选择，这种毕业分配制度的重大变化，使大学生感受到强烈冲击，加之我国许多单位正在进行人事制度改革，社会的下岗失业人数逐年增多等，大学生感到前途渺茫，这种失落感极易导致大学生产生心理问题。

（2）信息矛盾引起的认知问题。大学生正值长身体、长知识、学做人时期，正处于世界观、人生观、价值观的形成过程中，可塑性极强。随着网络信息时代的到来，各方面信息纷繁复杂，良莠不齐，而大学生由于思想不完全成熟，缺乏社会经验，智力支持，导致对信息的加工处理能力不强，使理论与现实产生激烈的矛盾冲突。这些冲突如果得不到及时解决，就会产生心理障碍或其他心理问题。

2. 学校环境因素

（1）生活环境的压力。生活环境的变化是促使整个人心理发生变化的基础。从中学到大学，令人感触最深的莫过于换了一个环境，开始过独立的但又是集体式的生活。它要求大学生既要做到生活自理，又要有奉献精神。但由于当代大学生绝大多数是独生子女，不少人往往会因缺乏生活自理能力以及过不惯集体生活而感到孤独寂寞、压抑和焦虑。

（2）学习环境的压力。许多同学考入大学后，会突然失去自信，感到自己一无是处。在学校里，竞争的内容不仅仅局限于学习成绩，还表现在眼界学识、文体特长、社交能力、组织才干等方面。在这种情况下，大学生很容易产生巨大的心理落差，而对自己进行整体否定。学习环境的压力还表现在学习方式、方法的变化方面。以往大部分学生习惯于老师详细讲解和具体辅导，自学能力较差，依赖性强。而在大学，学生获取知识的手段，除了老师的讲授中，自学还占了很大一部分，它需要学生不仅有较强的自学能力、学习自觉性、学习自主性和自制能力，而且还要学会研究性学习，善于发现和提出问题。再加上大学的考试方法比较灵活等，这些变化往往使那些死记硬背、墨守成规、缺乏知识灵活运用能力的大学生遇到较多的挫折，从而感到自卑。

（3）个人情感的压力。大学生正值青年中期，对性的问题比较敏感。他们渴望与异性交朋友，渴望得到异性的友谊甚至爱情。但由于其生理早熟和心理滞后，缺乏正常的人际交往技巧和交往能力，常为找不到真正知己而苦恼，出现不同程度的人际关系焦虑症。

3. 家庭环境因素

（1）父母期望值的压力。当今社会，家长的望子成龙心态普遍存在。为了子女的升学问题，许多家长都是煞费苦心，不惜一切代价。这样一种来自父母的强烈期望，一方面可以成为大学生勤奋学习的动力，另一方面也可能适得其反，成为大学生难以承受的心理负担。

（2）经济困难的压力。目前，高校学生中有20%来自经济困难家庭，他们在生活条件方面，在吃穿乃至言谈举止方面都与大城市来的学生有很大差距。他们除了参与学业竞争，还得承受因高额的学费和生活开支而带来的经济方面的压力。不少贫困学生在学习之余不得不靠勤工俭学来维持学习生活。因此，他们所承受的心理负担明显地超过了其他同学，极易导致心理上的不平衡。

4. 自身缺陷因素

有少数大学生因为遗传等因素的影响，在长相、身材等方面存在一些先天的生理缺陷，或者因为身体素质不好，患有疾病，在学习和训练的过程中往往感到力不从心，或者因为自身的个性缺陷，如性格内向、心胸狭窄、孤僻封闭、急躁冲动、固执多疑等，这些因素很容易使大学生产生“我不如人”的心理，久而久之，造成严重心理负荷。这样恶性循环，其心理承受力将越来越差。

（二）大学生心理困扰的主要表现

常见的大学生心理困扰虽然涉及大学生生活的各个方面，但主要表现在以下几个方面。

1. 大学生活适应的心理困扰

这一问题在大一新生中表现最为突出。来到大学后，在自我认知、同学交往、自然环境等各方面都面临着全面的调整和适应的过程。因为目前大学生的自理能力、适应能力和调整能力普遍较弱，所以，在大学中，环境适应问题广泛存在。有的学生因为思家、恋旧，常常偷偷以泪洗面；有的自我照顾能力较差，之前生活中所有事情都是由父母照顾，一下子要自己料理，什么都不会，什么都做不好，心情烦躁；有的从紧张的高考复习阶段一下子过渡到相对轻松的大学，厌学、彷徨、无所事事；有的失眠、抑郁，在焦灼中混日子；更有的则想休学、退学，打起退堂鼓，如某校一名男生，上学不久就想退学，原因是难以适应集体生活，常常失眠；有的觉得自己低别人一等，丧失自信，产生自卑；有的怀念过去的成就与风光时刻，无法面对新的生活。

2. 学习有关的心理困扰

大学生的主要任务是学习，专业不满意、学习没有动力、学习上的困难与挫折等对大学生的影响是最为显著的。大量的事实表明：学习成绩差是引起大学生焦虑的主要原因之一。由于大学学习与高中阶段学习存在着很大的不同，所以很多学生存在学习方法、学习态度、学习兴趣、考试焦虑等困扰。“考试一来，我就很害怕，因为我发现自己不会学习，担心考不好，考前一天睡觉都紧张、失眠”；“我对学习没有一点兴趣，就想玩，上课不想听，下课不想复习”……从这些表述中，基本上可以看出他们在学习上的心理问题主要为学习压力大、学习动力不足、考试焦虑等。这些问题是否能很好地得到解决，对大学生的心理健康发展有着重要的影响。

3. 与人际关系有关的心理困扰

受应试教育的影响，多数学生较为封闭，人际交往能力普遍较弱，主要表现为沟通不良、交往恐怖、人际关系失调、人际冲突、孤独无援、缺乏社交的基本态度及技能等。如在交往方面，有的学生因自负而不屑交往，因恐惧而不能交往，从而陷入孤寂封闭的境地。也有的学生虽然主动交往，但在对他人的认识上常带有偏见、误解和过分苛求，对他人在情感上缺乏同情、理解和尊重，对他人的行为比较挑剔，所以人际关系不协调，难以为他人所接受。良好的交往愿望和人际关系不协调的矛盾常常导致大学生内心的冲突而心理失调。如何与周围的同学友好相处，建立和谐的人际关系，是大学生面临的一个重要课题。

4. 与恋爱和性有关的心理困扰

情感问题一直是大学校园的热门话题，也是大学生非常关注的自身问题之一。大学生处于青年中期，生理上趋于成熟，心智上有了一定的发展，对爱情生活有所向往和追求，因此，大学生谈恋爱是一种普遍现象。但是有很多大学生在恋爱中存在情感困惑，主要表现为与异性交往困难、陷入多角关系不能自拔、因单相思而苦恋、失恋的痛苦、对性冲动的不良心理反应、性自慰行为产生的焦虑自责等。特别是失恋，如果处理不好，就容易受到极大伤害而造成心理失调，委靡不振，精神崩溃，甚至会出现一些极端行为。

5. 与经济有关的心理困扰

大学生来自不同的地区，家庭环境参差不齐，多数学生在大学可以过着衣食无忧、舒适、“潇洒”的日子，但也有一部分学生常常为学费和生活费问题而一筹莫展，室友之间、同学之间盲目攀比，容易产生嫉妒和自卑心理，出现忧郁、烦躁不安等不良情绪，导致学习成绩下降，人际关系冷漠，严重地影响了大学生的学习、生活和身心健康的发展，如不及时加以引导和解决，还会发展成严重的心理障碍。除此之外，进入大学后，有的学生虚荣心作祟，消费明显升高，又不能总跟家里要钱，不断有大学生陷入“网贷危机”，甚至陷入非法“校园贷”，付出惨痛的代价。

6. 与择业求职有关的心理困扰

经过三到四年的苦读苦练，每一个大学生都希望自己找到一份满意的工作，他们会考虑个人理想、收入多少、社会声望、工作条件、发展前途等因素。但很多大学生缺乏选择的主动性，不了解与自己个性能力相匹配的职业领域，对面试缺乏自信，缺乏走向社会的心理准备，不适应工作环境，这些情况导致大学生在找工作时觉得不随人愿，与自己想象中的境况差距太大，这给临近毕业的学生造成了巨大的心理压力，使他们感到失落、不安、彷徨和焦虑。

三、大学生常见的不良心理反应

当困扰出现后，就容易诱发不良心理反应。种种不良心理反应如果得不到及时调整，长期积累就可能导致心理疾病。大学生常见的不良心理反应主要有以下几种。

1. 焦虑

焦虑是指因担心达不到预期目标，有可能丢失有价值的东西，致使自尊、自信受到威胁而紧张不安的情绪状态，其中既有现实性的，也有神经性的，还有属于道德伦理性的。这种状态如果长期高强度地持续，会趋向焦虑性神经症，损害人的身心健康。大学生在学习、择业、交友、恋爱、成才等方面的心理问题，大多有强烈的焦虑反应，甚至形成焦虑性格。

2. 孤独

孤独是指与他人、与社会隔离的自身孤立心态。多数有此种心理反应的大学生，并非主动寻求孤独，而是本来具有接近他人的强烈需要，却又由于某些社会的、环境的因素，被动地产生封闭、防御、回避的倾向，并因此不得不承受孤独的折磨。大学生在人际关系、异性交往中的挫折，既有客观现实的挫折，也有主观想象的挫折，常会导致孤独心理，进而还可能扩延到人生态度中去。

3. 自我拒绝

自我拒绝主要表现为经常自卑，怀疑自己、轻视自己、贬斥自己，甚至憎恨自己。这不同于自我批评，因为它所否定或悔恨的，是不该或不必否定或悔恨的。这种心理会认为自己一无是处，不应有成就，不配受奖励，严重者甚至认为自己不该活在这个世界上。一些大学生往往由于对自我的期望过高，以及思想方法的片面化、绝对化而不同程度地陷入这种心理困境。

4. 他人取向

他人取向是指自我概念受到他人的影响，在与他人的互动、得到的回馈与评价中，日积月累地形成自己对自己的看法。主要表现为为了得到他人的认可、赞许而身不由己，言不由衷地做人行事，使自己的价值取决于他人的评价，时时处处看他人眼色行事。这不同于听取他人的正确意见和向他人学习长处，而是把讨他人喜欢当作自己的首位需要，从而轻易放弃自己的见解，违心地追随他人的意志。长此以往终至产生过敏和强迫心理状态。

5. 抑郁

抑郁情绪是由精神压力、生活挫折、痛苦境遇等一些负面因素引起的一种显著而持久的心境低落，情绪消沉，闷闷不乐，对事物失去兴趣，自我评价低等一些情绪表现。生活中经常听到有人在说“郁闷”“烦躁”“别理我，烦着呢”等语言，实际上都是抑郁情绪的代名词。当前社会竞争日益激烈，几乎每个人都在超负荷运转，很容易产生不同程度的抑郁情绪。

6. 嫉妒

嫉妒是大学生中普遍存在的不良心理反应。嫉妒是因为自己的社会尊重需要未得到满足而产生的不良情绪，是一种企图缩小和消除与他人差距，恢复原有平衡关系的消极手段。表现为看到他人的才华、能力、相貌、衣着、经济条件超过自己时，感到恼怒、痛苦、愤愤不平，当别人遭到不幸和灾难时，则言语上讥讽嘲笑、行动上冷淡疏远，甚至在人后恶语诋毁、中伤，蓄意打击报复。严重的嫉妒感是一种极不健康的心态，使人的心灵扭曲变形，美好的情感被抹杀，是一种情绪障碍。

四、心理问题的自我审查与心理咨询

心理咨询是一种专业性很强的助人工作，它是心理咨询师运用心理学的知识、理论和技术，通过与来访者的交谈、协商、指导，帮助来访者达到自助为目的的工作。心理咨询与一般的开导、劝慰、帮助有明显的区别。心理咨询可以使人们从一个不同的角度去看待自己和社会，用新的方式去体验和表达他们的思想情感，并产生出全新的思维方式。对于那些心理行为属于正常范围的人，心理咨询所提供的新经验可以使他们排除成长道路上的障碍，更好地发挥个人的才干；对于那些有心理障碍的人，心理咨询可以帮助他们改变不适应社会的思维和行为方式，学会新的适应环境的方式。大学生心理咨询常见的服务形式有个别面询、电话咨询、网络咨询和团体咨询。

什么时候需要接受心理咨询呢？当你有这样的疑问时，可以参考以下表格简单对自己目前的状态做审查。心理问题的自我审查主要分为三类：心理困扰、心理问题和精神类疾病，心理问题的常见表现如表 1 - 1 所示。

表 1 - 1　心理问题的常见表现

项目	心理困扰	心理问题	精神类疾病（需要就诊精神科）
常见表现	1. 非常孤独、想找人说话； 2. 学习困难或者注意力无法集中、学习效率低下； 3. 恋爱烦恼； 4. 对未来感到迷惘； 5. 与家庭、老师或同学相处感到烦恼	1. 上网时间控制不住； 2. 有些行为、想法不受控制； 3. 感到恐惧、焦虑，并影响到日常生活； 4. 心里有些只有自己才知道且无法忍受的痛苦； 5. 人际关系总是遭遇莫名奇妙的挫折	1. 好几个星期无精打采，没有原因的落泪； 2. 经常产生结束自己生命的念头； 3. 常听见或看见其实并不存在的声音或事物； 4. 经常性的情绪不稳定，像坐过山车一样； 5. 一段时间内生活习惯、饮食作息出现极大的、令人不适的改变

【小贴士】心理求助是强者的行为

（1）当你遇到很痛苦或影响你的学习和社会交往功能的心理行为问题时，不要等待，要主动寻求帮助。

（2）相信会有人愿意帮助你，但是你要将自己真实的困难和痛苦告诉你信任的人。

（3）如果你的倾诉对象不知道如何帮助你，你可以向学校心理咨询中心求助。

（4）如果你担心自己的心理行为问题被发现，你可以向心理热线或校外的心理咨询人员寻求帮助。

（5）解决心理危机通常需要一个过程，可能你要反复多次地约见心理咨询师或心理医生。

（6）如果医生开药，应按医嘱服用。

（7）避免使用酒精或毒品麻痹自己的痛苦。

【心理测试】

症状自评量表

症状自评量表（SCL－90）是从感觉、情感、思维、意识、行为直到生活习惯、人际关系、饮食睡眠等多种角度来评定一个人是否有某种心理症状及其严重程度如何。

测验的每一个项目均采取五级评分制，具体说明如下。

（一）评分标准

1＝无：自觉并无该项症状（问题）；

2＝轻度：自觉有该问题，但对受检者并无实际影响，或影响轻微；

3＝中度：自觉有该项症状，对受检者有一定的影响；

4＝偏重：自觉常有该项症状，对受检者有相当程度的影响；

5＝严重：自觉该症状的频度和强度都十分严重，对受检者的影响严重。

作为自评量表，这里的“轻、中、重”的具体含义由评者自己体会，不作硬性规定。

（二）测试要求

1. 独立的、不受任何人影响的自我判断。

2. 评定时间范围是“现在或最近一周”。

3. 每次评定一般在20分钟内完成。

（三）填写症状自评量表

表1－2中列出了有些人可能会出现的问题，请仔细阅读每一条，然后根据最近一星期以来自己的实际感觉，选择最符合你的一种情况，填在相应题号的评分栏中。

表1－2　症状自评量表

题号	症状	1	2	3	4	5
1	头痛					
2	神经过敏，心中不踏实					
3	头脑中有不必要的想法或字句盘旋					

续表

题号	症状	1	2	3	4	5
4	头晕或昏倒					
5	对异性的兴趣减退					
6	对旁人求全责备					
7	感到别人能控制你的思想					
8	责怪别人制造麻烦					
9	忘性大					
10	担心自己的衣饰不整齐及仪态不端庄					
11	容易烦恼和激动					
12	胸痛					
13	害怕空旷的场所或街道					
14	感到自己精力下降，活动减慢					
15	想结束自己的生命					
16	听到旁人听不到的声音					
17	发抖					
18	感到大多数人都不可信任					
19	胃口不好					
20	容易哭泣					
21	同异性相处时感到害羞不自在					
22	感到受骗、中了圈套或有人想抓你					
23	无缘无故地感到害怕					
24	自己不能控制地大发脾气					
25	怕单独出门					
26	经常责怪自己					
27	腰痛					
28	感到难以完成任务					
29	感到孤独					
30	感到苦闷					
31	过分担忧					
32	对事物不感兴趣					
33	感到害怕					
34	你的感情容易受到伤害					
35	旁人能知道你的私下想法					

续表

题号	症状	1	2	3	4	5
36	感到别人不理解你、不同情你					
37	感到人们对你不友好、不喜欢你					
38	做事必须做得很慢以保证做得正确					
39	心跳得很厉害					
40	恶心或胃部不舒服					
41	感到比不上他人					
42	肌肉酸痛					
43	感到有人在监视你、谈论你					
44	难以入睡					
45	做事必须反复检查					
46	难以作出决定					
47	怕乘电车、公共汽车、地铁或火车					
48	呼吸有困难					
49	一阵阵发冷或发热					
50	因为感到害怕而避开某些东西、场合或活动					
51	脑子变空了					
52	身体发麻或有刺痛感					
53	喉咙有哽塞感					
54	感到前途没有希望					
55	不能集中注意力					
56	感到身体的某一部分软弱无力					
57	感到紧张或容易紧张					
58	感到手或脚发重					
59	想到死亡的事					
60	吃得太多					
61	当别人看着你或谈论你时感到不自在					
62	有一些属于你自己的看法					
63	有想打人或伤害他人的冲动					
64	醒得太早					
65	必须反复洗手、点数目或触摸某些东西					
66	睡得不稳不深					
67	有想摔坏或破坏东西的冲动					

续表

题号	症状	1	2	3	4	5
68	有一些别人没有的想法或念头					
69	感到对别人神经过敏					
70	在商场或电影院等人多的地方感到不自在					
71	感到做任何事情都很困难					
72	一阵阵恐惧或惊恐					
73	感到在公共场合吃东西很不舒服					
74	经常与人争论					
75	单独一个人时神经很紧张					
76	别人对你的成绩没有做出恰当的评论					
77	即使和别人在一起也感到孤独					
78	感到坐立不安心神不定					
79	感到自己没有什么价值					
80	感到熟悉的东西变陌生或不像真的					
81	大叫或摔东西					
82	害怕会在公共场合昏倒					
83	感到别人想占你便宜					
84	为一些有关“性”的想法而苦恼					
85	你认为应该为自己的过错而受惩罚					
86	感到要赶快把事情做完					
87	感到自己的身体有严重问题					
88	从未感到和其他人亲近					
89	感到自己有罪					
90	感到自己的脑子有毛病					

（四）统计分析指标

SCL－90 的统计指标主要有以下各项。

1. 总分和总均分：总分是 90 个项目各单项得分相加，最低分为 90 分，最高分为 450 分，总分超过 160 分，可考虑筛查阳性，需进一步检查。总症状指数（也称总均分，是将总分除以 90）的分数在 0～0.5，表明个体自我感觉没有量表中所列的症状；在 0.5～1.5，表明个体感觉有点症状，但发生得并不频繁；在 1.5～2.5，表明个体感觉有症状，其严重程度为中等；在 2.5～3.5，表明个体感觉有症状，其严重程度为严重；在 3.5～4，表明个体感觉有症状，且症状的频度和强度都十分严重。

2. 阳性项目数：单项分≥2 的项目数，表示个体在多少项目中呈现“有症状”。

3. 阴性项目数：单项分=1的项目数，表示个体“无症状”的项目数有多少。

4. 因子分：SCL-90包括9个因子，每一个因子反映出个体某方面的症状情况，通过因子分可了解症状分布特点。当个体在某一个因子得分大于2时，即超出正常均分，则个体在该方面就很有可能有心理健康方面的问题。

各因子名称及所包含项目：

（1）躯体化：包括题1、4、12、27、40、42、48、49、52、53、56、58共12项，该因子主要反映主观的身体不适感。

（2）强迫症状：包括题3、9、10、28、38、45、46、51、55、65共10项，反映临床上的强迫症状群。

（3）人际关系敏感：包括题6、21、34、36、37、41、61、69、73共9项，主要指某些个人不自在感和自卑感，尤其是在与他人相比较时更突出。

（4）抑郁：包括题5、14、15、20、22、26、29、30、31、32、54、71、79共13项，反映与临床上抑郁症状群相联系的广泛的概念。

（5）焦虑：包括题2、17、23、33、39、57、72、78、80、86共10项，指在临床上明显与焦虑症状相联系的精神症状及体验。

（6）敌对：包括题11、24、63、67、74、81共6项，主要从思维、情感及行为三个方面来反映受检者的敌对表现。

（7）恐怖：包括题13、25、47、50、70、75、82共7项，它与传统的恐怖状态或广场恐怖所反映的内容基本一致。

（8）偏执：包括题8、18、43、68、76、83共6项，主要是指猜疑和关系妄想等。

（9）精神病：包括题7、16、35、62、77、84、85、87、88、90共10项，其中有幻听、思维播散、被洞悉感等反映精神分裂症状项目。

（10）其他：包括题19、44、59、60、64、66、89共7项，主要反映睡眠及饮食情况。

【心灵影院】

《天堂的孩子》

《天堂的孩子》叙述了哥哥哈里取回为妹妹修理的小鞋子时，不慎把这双妹妹仅有的鞋子丢失了，为了免除父母的惩罚，他与妹妹达成共用一双鞋的暂时协议，为了赢得一双新鞋，哈里参加了全市长跑比赛，可是他得到了新鞋却又磨坏了旧鞋……

这部影片表现了两个普通儿童以一种挣扎的方式实现一个梦想的过程。兄妹俩那纯净的眼神使他们的渴望具有了灼人的力量，当我们在不知不觉中同他们一起在渴望那双鞋子时，有一个念头会突然闪入脑海：我们不都在不同的境况下丢失过不同的“鞋子”吗？我们这样深深地渴望过吗？这样不懈地努力过吗？影片用自然、质朴的真情，让我们在平凡的事件中感悟了生命的哲理，带着我们回到了纯真澄净的世界。

【心灵书架】

《心理调适实用途径》

作者：［美］克瑞尔著，张清芳译。

出版社：北京大学出版社。

内容简介：这是一本心理自助的经典书籍，可以帮助读者学一些心理调适的方法。此书将大量的研究和实际经验结合起来，介绍如何运用自我管理方法，适用对象广泛。所介绍的知识、方法涵盖多个领域，包括心理学和医学。每一章节包括实践性练习，能使读者借鉴其他人是如何运用自我管理方法和原则的，同时能模拟练习。

第二章　适应大学生活

【学习目标】

1. 了解适应的反应阶段。
2. 了解大学生常见的适应困扰及其应对策略。
3. 学习有效管理自己的时间。

【课前讨论】

步入大学校园已经有一段时间了，你是否已经适应了大学生活？谈一谈大学生活有哪些不同，这些不同给你带来了什么样的困扰，你都用了哪些方式来缓解这些困扰呢？

【案例故事1】

阿哲是大一新生，初中时成绩一直很好，考上了本地重点高中，他的理想是当一名医生。可是在高二时的一次意外中腿受了严重的伤，阿哲不得不在家休养一年，被迫放弃了当年的高考。看着学习不如自己的同学都去了理想的大学，阿哲心里很着急，决心复读一年。复读的过程中虽然很努力，可是由于自己太急于求成，心理压力过大，成绩总是不理想，无奈高考后选择了一所高职院校的医药专业。虽然不甘心，但毕竟也是自己喜欢的专业，因此对新生活充满了期待。可是刚入学不久他就感到很失落，因为学校没有想象的美、住宿条件也不满意，食堂的饭菜更是吃不惯。最重要的是一想到高中的好朋友都去了理想的大学，心理的落差感就特别强烈。这种落差感让他整日闷闷不乐，加上宿舍里其他人都比较兴奋，晚上聊天、打游戏都闹腾很晚才睡，自己想安静地看书总是被打扰，心理特别烦躁。有时同学邀他一起打篮球或者其他的活动，他也没兴趣，总拒绝。时间久了，大家觉得他很高傲便不再主动找他。他因此感到非常孤独，学习也没有了动力，渐渐有了退学的想法。

【案例故事2】

梅梅是家里的独生女，凡事都很依赖妈妈，平时除了学习所有的事情都是由妈妈来照料。大学报到时虽然很兴奋，但到了晚上便开始想家，偷偷抹眼泪。特别是军训的那段日子，白天高强度的体能训练，晚上还要自己洗衣服，自己从来没洗过衣服，都不知道怎么洗，每次跟妈妈视频都哭很久。宿舍值日采取轮流制，每次轮到她清扫都因为清扫不干净而被室友提醒或埋怨，因为她不会做这些家务，就连洗袜子、整理衣物这样的事也做不好，经常被室友嘲笑是“新时代巨婴”。她越来越孤僻，身边没有朋友，她觉得自己特别没用，很多事情都做不好，心理异常苦闷，常常抹眼泪，天天盼着假期赶快到来。渐渐地她发现越来越难适应大学校园生活了。

案例中的阿哲和梅梅遇到的是大学新生中常见的适应性问题。面对新环境，每个人或多或少都会出现不适应的表现。这个年龄段正是爱幻想，又非常理想主义的时期，很多新生都会因与自己的预期不一样而感到失望，这是非常正常的。与其沉溺在失望的感觉里，不如及时调整自己的心态，看看在现有的条件下可以做什么能让自己变得更好，在大学校园这个舞台上，舞出精彩的自己。

一、新生适应反应及其阶段

大学生活，从一定意义上来说，真正开启了青年人独立生活的大门。所有的一切都蕴含着新意：新的环境、新的人际圈、新的学习方式、新的发展任务，以及新的自我。刚进大学的你，是否因为远离父母家乡而感到焦虑，是否因为没有朋友而感到孤单，是否因为全新的学习和生活方式感到茫然？如果是，请不要急于否定现状，因为你并不是唯一有这样体验的人，这是新生适应反应，是大一新生都要经历的一个适应阶段。新生适应反应是指一系列与大学新体验相关的心理困扰，包括孤独、焦虑和抑郁等情绪反应。一般来说，大部分新生面临新生适应问题时，会以尝试交往新朋友、调整认知让自己快速融入校园生活中。但也有部分学生在适应和调整的过程中，问题没得到及时解决，遗留下来，甚至激化，导致更为严重的心理问题。

人们在受到危险、持续性压力或出乎意料的外界情况变化时，会引起一种情绪状态反应，我们称为应激反应，表现为生理、情绪、认知、行为等多个方面的变化。不要害怕，这是人类在应对危险时的一种自我保护的本能，是正常的反应，它在提醒我们做好准备去避免那些可能的威胁。一般来说，学生面对新环境的压力时出现的应激反应分为三个阶段。

（1）警觉期。表现为焦虑、尝试调动自身资源。一些新生在适应阶段出现逃避行为，如总请假回家、高频率地给家里打电话、厌学、网络成瘾等，这其实是处于应激反应的警觉期，需要家庭、学校、老师和同学的支持。

（2）抵抗期。表现为情绪低落、抑郁等。需要好好梳理当下所面临的压力，积极寻找应对资源，调整情绪，也要注意保持健康的饮食及合理的作息时间。

（3）衰竭期。如果抵抗期过长，又没有有效的措施来应对，机体就会进入衰竭期。如有的学生产生退学的想法，甚至引发较为严重的心理问题。如果出现以下症状，如长期持续的焦虑、低落、悲伤，且已经影响了正常的社交、学习和生活，长期处于一种无力感，没有明显理由地感到绝望或是抑郁，无法与他人建立友谊，非病理性头痛、腹泻、皮疹、胃痉挛等，则需要寻求专业心理咨询的帮助。

二、大学新生常见的适应困扰

（一）生活环境不适应

进入大学后，新生面临的第一个巨大变化就是生活环境的转变。大学生来自天南地北，由于地域上的差异，气候、饮食、习惯，甚至语言都不相同，再加上进入大学后，由原来依赖父母的家庭环境过渡到相对自立的集体生活，生活环境和生活方式的巨大转变，会使他们遇到很多困难或感到不适应。心理上容易产生孤独感，因而出现想家、思念亲人、怀念老同学等现象，并由此可能产生各种烦恼，出现焦虑、抑郁、敌对、低落的情绪，严重者会影响心理健康。另外，一些学生表现出不良的生活习惯，诸如熬夜、打网游、睡懒觉等，大部分时间都浪费在消遣活动中，对学习逐渐失去了兴趣。时间长了，很多学生几乎淡忘了在大学期间的重要任务。

（二）学习方式不适应

大学的学习较以往在学习目的、学习内容、学习方式和学习要求上都存在差异。进入大学后，从前以教师为主导的教学模式变成了以学生为主导的自学模式。大学更强调启发性、研讨性、自学式教育，课堂讲授时间相对较少，覆盖内容相对较多，讲课速度快、跨度大。课堂讲授知识后，学生不仅要消化理解课堂上学习的内容，而且还要大量阅读相关方面的书籍和文献资料。自学能力的高低成为影响学业成绩的重要因素。大学新生一般自我控制能力较差，容易受别人的影响，有时会有意无意模仿高年级学生或周围同学的做法，诸如“他们打游戏我也打”“他们谈恋爱我也得谈恋爱”，久而久之便失去了自控能力。有的大学生经受不住失败的考验，因为考试成绩差造成自信心的丧失，出现破罐子破摔的消极情绪。许多新生入学后遇到的不适应首先就表现在学习安排上的不知所措，即不知如何安排课余时间，他们一方面抱怨课程太多，另一方面又抱怨课后没事做，这实际上是他们不善于独立学习的一种表现，这种表现在独生子女身上显得尤为突出。

（三）人际关系不适应

处于青春期的大学生，有着强烈的自尊、认同和归属的需要，非常渴望从朋友那获得感情的共鸣，但往往由于青春期的闭锁心理，当他们与大学里的新同学接触时，总习惯拿高中时的好友标准来加以衡量。由于心理上有对老朋友的依赖，常常会觉得新面孔不太合意，因此大学生宁愿采取被动接受的态度，从而阻碍了同学间的沟通和交流。此外，由于班级和宿舍里的同学分别来自不同的地域和不同的家庭，他们在思想观念、价值标准、生活方式、生活习惯等方面都存在着明显的差异，在遇到实际问题的时候往往容易发生冲突。因此，对大学生来讲，建立新的人际关系不仅是环境要求，也是个体逐渐走向成熟和向成人转化的必要条件。这就要求大学生首先要清楚认识到新的人际关系的特点，同时，还要逐渐掌握各种处理人际关系的技巧，从而在从原先较为简单的人际关系向较为复杂的人际关系过渡的过程中，更好地适应。从这个意义上讲，大学生应逐渐摆脱以自我为中心的思维方式，逐渐学会设身处地为别人着想，并在此基础上建立起独立、协调的新的人际关系。

（四）理想与现实的落差

在进入大学前，许多学生想象的大学都是校园风景如画，教室宽敞明亮，师生团结友爱，处处欢歌笑语，充满诗情画意。然而，进入大学，经历短暂的兴奋期之后，却发现现实中的大学并非自己想象的那么美好。有的学生感觉到自己所考的大学与自己梦想的大学相去甚远；有的学生因为自己高考失利，或者是填报志愿时受到老师、家长的左右，所上的大学并非自己所愿；有的学生对自己所学的专业不甚了解，或者根本就不是自己选择的，因而没有兴趣，也学不进去。这些理想与现实的落差，致使一些学生常常怅然若失，忧心忡忡，情绪低落，感到前途迷茫，困惑失望。

【课堂活动】

驱逐忧愁

活动目的：帮助学生缓解因不适应大学生活产生的压力。

活动形式：根据提示完成表 2－1，并分组讨论。

第一步：初入大学校园你出现了哪些不适应？

第二步：如果给这些“不适应”对你影响的程度打个分值的话，从 1 到 10 你会打几分？

第三步：想想有什么人或做些什么事情可以帮到你？

第四步：头脑风暴，分组讨论，小组成员说出各自的困扰，其他成员一起想解决的办法。

第五步：最后再次以 1～10 分来评估这些“不适应”对你的影响程度，看看与第一次评估有什么不同。

表 2－1　自我评估表

不适应的困扰	对我的影响程度值（1～10 分）	我能找到的资源	小组成员提供的资源	对我的影响程度值（1～10 分）

三、新生适应大学生活的对策

（一）做好学业规划

大学与基础教育阶段有显著不同，道德成长、个性生长、独立思考等都融入了大学生五彩斑斓的世界。但毋庸置疑，大学生的主要任务还是完成学业，而科学有效的学业规划能让学生拨开迷雾、找准方向，迈向踏实求学的坦途。

大学生做学业规划，其目的在于预见整个大学学习生涯的全貌，从而不至于对大学学习茫然失措，也不至于整个学业虎头蛇尾。大学生的学业规划目的，可以从两个方面加以考虑：一是完成专业培养目标；二是为更高层次学习做好准备。大学阶段的课程大多数是基础性质的，还没有进入专门学问的场域，如果学生有在大学毕业后进一步提升的需要，应当在入学之初做好规划，为高一层级的学历学习或进修做好准备。

（二）建立社会支持系统

大量研究表明，社会支持能够有效地缓解压力对个体健康和心理状态的负性影响。在面临新生入学压力时，如果能够得到亲人、好友、老师、同学、心理咨询师等多方面的支持，则更容易克服入学适应不良等问题。新生入学，常常会由于人际关系复杂、交往受挫而引发自卑、孤僻等心理问题。相对于中学的人际关系，大学人际关系显得比较复杂，这主要是大学生来自不同地区，生活习惯、家庭背景、性格，甚至语言等有一定差别，造成交往复杂困难。另外，在大学，学习不再是唯一目标，大学生行为目标多元化也是导致人际关系复杂的一个诱因。大学生在人际交往中应坚持真诚待人、宽容待人、平等待人的原则并掌握交往的技巧。

（三）掌握自我心理调适方法

情绪调节的所有策略，在某种意义上都可以被看作是一种积极的应对方式，虽然调节情绪并不能解决问题本身，但通过调节情绪却能更好地处理状况。大学生在身心发展过程中，有意识地掌握一些常用的自我心理调适的方法，是非常必要的。如呼吸减压法、冥想、积极心理暗示等，对缓解焦虑和心理压力是非常有帮助的。

四、有效管理自己的时间

卢梭曾经说过：“生活本身没有任何价值，它的价值在于怎样使用它。”大学的生活丰富多彩，除日常的教学活动之外，还有各种各样的文娱活动、社团活动等。大学课余生活给了大学生充分安排时间的主动权，它意味着，大学生应该有更大的责任感，进行一些对自己有价值的活动，去充实这些时间。所以大学生要合理安排自己的时间，有效地把握好每一分钟。

要合理地安排时间，首先对自己在近期内的活动有一个理智的分析。看看自己近期内要达到哪些目标，长远目标是什么，自己最迫切需要的是什么，各种活动对自己发展的意义又有多大，等等。然后做出最好的时间安排，并且在执行计划中不断地修正和发展。同时也要劳逸结合，留出足够的休闲时间和锻炼身体的时间。

做好时间管理可以从以下几个方面进行。

（一）要有明确的方向

如果没有明确的方向，那时间是无法管理的。根据目前的情况和条件，给自己定一个短期和长期的计划，是管理时间的第一步。

（二）要有明确的计划

计划根据目标来制订，也就是把每年、每学期、每月、每天、每小时所要做的每一件事情都列出来。从这个意义上讲，时间管理可分为：以年为单位的时间管理、以学期为单位的时间管理、以月为单位的时间管理、以天为单位的时间管理和以小时为单位的时间管理，这些时间管理的制定是由粗到细的，在时间上是由长到短的，如以天为单位的时间管理可以只做一周的或一天的。

（三）要分主次和轻重缓急

首先，确定优先次序，从最重要的事情开始做起，重要紧急的事马上做；其次，做重要而不紧急的事；再次，紧急但不重要的事，要学会放弃，能放就放；最后，对于不重要也不紧急的事，尽量不去做。在所要做的事情中，先做最有价值的事情。

（四）拒绝拖延

惰性是人类共有的，关键看能不能克服。除了办事拖拉是明显的浪费时间的现象，还要控制刷手机、上网的时间，这是不经意中最容易浪费时间的。拖延一旦开了头，计划就很难顺畅地进行下去。

【课堂活动 1】

画出你的时间饼

你每天的时间是如何安排的？如果将一天 24 小时用一个圆来表示，你会如何分割呢？请在下面的圆上分割出每项活动所占的百分比，并将每部分的活动时间安排标注在旁边（见图 2－1）。

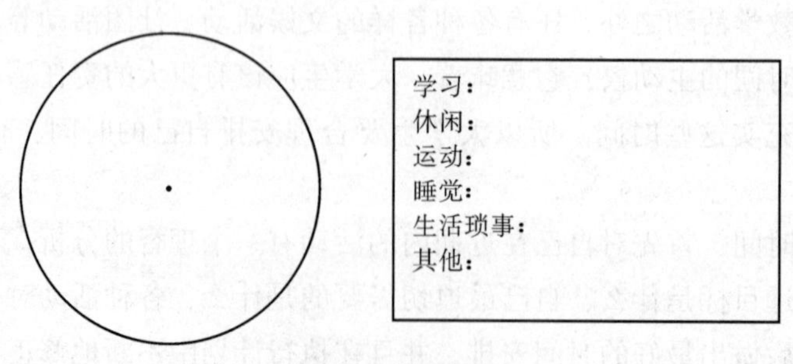

图 2－1　时间饼

【课堂活动2】

时空对话

活动目的：帮学生从长远的眼光看待现在的压力与不适应问题。

活动形式：

(1) 请写下自己目前的压力和感受。

(2) 想象一下三年后的你早已度过了这段时间，那时你期待的状态是什么样？写下来。

(3) 三年后的你看到现在努力克服困难的你会说些什么？又会给你怎样的建议呢？

将上述内容填入表2-2中。

表2-2 时空对话表

项目	描述
我现在的烦恼	
克服了困难三年后的我	
三年后的我对现在的我说	

【心灵影院】

《当幸福来敲门》(2006)

这部影片改编自美国黑人投资专家克里斯·加德纳2007年出版的同名自传。这是一个典型的美国式励志故事。作为一名单身父亲，加德纳一度面临连自己的温饱也无法解决的困境。在最困难的时期，加德纳只能将自己仅有的财产背在背上，然后一手提着尿布，一手推着婴儿车，与儿子一起前往无家可归者收容所。实在无处容身时，父子俩只能到公园、地铁卫生间这样的地方过夜。最终，他凭借自己坚持不懈的努力扭转了人生。

【心灵书架】

《痊愈的本能：摆脱压力、焦虑和抑郁的七种自然疗法》(2017年)

作者：[法] 大卫·塞尔旺-施莱伯，黄钰书译。

出版社：中国轻工业出版社。

内容简介：每个生命都是独一无二的，每个生命同样也充满了各自的艰辛和痛楚。本书介绍了全新的情感医学，以激发心灵和脑部的自我治疗机制来根治压力、焦虑、抑郁。其基本理念认为，我们的身体跟大自然一样，具有自我痊愈的本能，它需要人们去了解和发掘。本书的七种自然疗法有一个共同的目标：帮助我们发现并唤醒内在的痊愈本能，医治自己的情绪，享受身心健康、愉悦的生活。

第三章　塑造健全的自我意识

【学习目标】

1. 了解自我意识相关的理论知识。
2. 理解大学生自我意识发展的规律及常见问题。
3. 学习正确认识自我、评价自我，积极接纳自我，有效控制自我。

【课前讨论】

有人说，人最好的朋友是自己，最大的敌人也是自己。你同意吗？谈谈你的看法。

【案例故事】

小彬是一所高职院校大一的学生，他性格开朗活泼，可是最近他忧心忡忡，上课也无法集中，因为他正陷入要不要转专业的矛盾中。他现在的专业是财务管理，当初选这个专业是因为父母觉得这一行特别吃香，其实他一直很喜欢研究电脑，到了大学后听说可以转到很热门的大数据专业就动了心，跟父母商量后，父母觉得这个专业国家急缺人才，也是个不错的选择，于是就让他自己拿主意。这可难坏了小王，因为他似乎有“选择困难症”，而且总被“后悔”折磨。比如上街买裤子，看到特别流行的款式，当时试穿感觉还行，结果买回来就后悔了，根本不是自己的风格，越看越别扭；去超市看见感兴趣的零食就买，结果买回一大堆，自己喜欢的口味却没几个。还有最近换手机，本来看好 A 款，买的时候看见很多人都选了功能多的 B 款，犹豫了半天，再加上售货员的推销，最后还是选了贵一些的 B 款，买回家没两天就后悔了，因为多出的功能根本不实用，还多花了几百元钱。类似的事情还有很多，这种后悔的感觉让他很自责，时常感到焦虑和烦恼，用他自己的话说：“我现在特别害怕自己做什么决定，因为好像从来没选对过。”这次选专业关系到今后的前途，他特别害怕自己将来会后悔，最近晚上躺下总是睡不着，脑子里不停地思考到底要不要转专业。

小彬的行为表现是走向独立过程中常遇到的烦恼。进入青年期，自我意识的发展进入了一个崭新的阶段，以前小彬大部分的决定都是父母帮他做的，现在到了大学，很多事情该由自己来决定和处理了，这对小彬来说是全新的挑战和机遇。

“认识你自己”这句镌刻在古希腊戴尔菲城那座神庙里唯一的碑铭，犹如一把千年不熄的火炬，表达了人类与生俱来的内在要求和至高无上的思考命题。当我们避开外界的喧嚣，静下心来，常常发现令我们困惑最多的不是别人而是自己。尤其是在青年时期，也许你会在宁静的夜晚，仰望着深邃的天空，扪心自问：“我究竟是一个怎样的人？”“在大社会、小环境中我究竟处在什么样的位置?”“我到底行不行?”“别人怎样看待我呢?”“我应当成为怎样一个人呢?”“我怎样改变现状成为理想中的那种人呢?”其实，这些都属于自我意识。本章将带着你认识什么是自我意识，了解大学生自我意识的发展特点，通过对自我意识的调适来塑造自我，完善自我。

一、自我意识概述

自我意识的确立是大学生心理发展的重要标志之一，对大学生人格的形成、心理发展起着重要作用。大学阶段的自我意识是之前自我意识的继续与深化，同时又有着质的不同。这一时期，大学生自我意识从分化、矛盾走向统一，对于人的一生都有着特别重要的意义。

（一）自我意识的含义

自我意识是指个体对自己作为主体和客体存在的各方面的意识。自我意识是个体通过观察、分析外部活动及情境、社会比较等途径获得的，是一个多维度、多层次的心理系统。平时我们常说，“我觉得我观察问题有点粗心大意”“我觉得我是个急性子的人”“我认为我能完成这项工作”“我觉得我对某某的感情发生了变化”等，这些对自己感觉、知觉、情感、意志等心理活动的意识，对自己与客观世界的关系尤其是人我关系的意识，以及对自身机体状态的意识，都属于自我意识之列。一般来说，它包括以下三个方面的内容。

1. 个体对自身生理状态的认识和体验

这是指对自己身高、体重、容貌、身材、性别等的认识以及对生理病痛、温饱饥饿、劳累疲乏等的感受。如果一个人对自己的生理自我不能接纳，如嫌自己个子矮、不漂亮、身材差、皮肤黑等，就会讨厌自己，自卑而缺乏自信。

2. 个体对自身心理状态的认识和体验

这是指对自己知识、能力、情绪、兴趣、爱好、性格、气质等的认识和体验。如果一个人对自己的心理自我评价低，如嫌自己能力差、智商不高、情绪起伏太大，自制力差等，就会否定自己。

3. 个体对自己与周围关系的认识与体验

这是指对自己在群体中的地位、作用以及自己和他人的相互关系的认识、评价和体验。如果一个人认为周围的人不喜欢自己，不接纳自己，找不到知心朋友，就会感到很孤独、寂寞。

影响个体自我意识的因素除与人的自我态度、成长经历、生活环境有关以外，他人评价，特别是生命中重要人物如父母、家人、老师、朋友、同学等的评价，会对自我意识的发展产生重要影响。

（二）自我意识的结构和分类

自我意识是一种多维度、多层次的心理现象，它主要由自我认识、自我体验和自我控制三种心理成分构成。这三种心理成分相互联系，相互制约，统一存在于个体的自我意识中。

自我认识主要是关于自我特征的认识以及在此基础上作出的价值判断，表现为自我感觉、自我观察、自我分析和自我评价等形式。自我认识主要阐释“自己是一个什么样的人”这一问题，如“自己的体形是清瘦型的”“自己的性格是诚实可信的”“自己的脾气容易急躁和冲动”等。

自我体验是自我意识的情感成分，是一个人在自我评价的基础上产生的情绪体验，主要涉及“对自己是否满意”“能否悦纳自己”之类的问题，表现为自我感受、自尊、自爱、自信、自卑、自豪、自怜、优越感、义务感等形式，如“我很喜欢自己”“我真可怜，没有人愿意和我交朋友”等。自我体验包括积极的和消极的两种形式。对自己持积极的体验，想到自己时会心情舒畅；而对自己持消极的体验，一提到自己就会感到郁闷难过。一个人的自我认识决定了其自我体验，同时他的自我体验反过来会强化其自我认识。

自我控制是自我意识的意志成分，是个体在自我认识和自我体验的基础上，对自身行为、心理活动、思想言语以及与他人关系的调节与控制。自我控制是解决“如何有效地调控自己”“如何改变现状，使自己成为一个理想的人”之类的问题。自我控制的形式包括自主、自立、自强、自制、自律等。

从内容上来看，可将自我意识分为生理自我、社会自我和心理自我。生理自我是指个体对自己的身体，包括身高、外貌、体能等方面的意识；社会自我是指个体对自己在人际关系中所扮演的角色，发挥的作用，享有的权利、承担的义务等方面的意识；心理自我是指个体对自己心理特点的意识，包括个体对自己的知识结构、智力特点、能力表现、特长爱好、情绪情感、行为模式的认识和体验。其中，心理自我是自我意识的核心部分，它使个体根据内心需要调节和控制自己的行为，修正自己的观念。

具体的自我意识的结构与分类如表 3－1 所示。

表 3－1　自我意识的结构与分类

自我意识的分类	自我认识	自我体验	自我控制
生理自我	对自己的身高、外貌、体能等方面的认识	漂亮、迷人、有吸引力、自我悦纳	追求自身外表和物质欲望的满足，维持身体健康等
社会自我	对自己的性别、角色、地位、责任、义务等的认识	自豪、自尊、自爱、自信、自卑、自恋	追求名利地位，与他人竞争，争取得到他人的好感、认可等
心理自我	对自己的能力、思维、气质、兴趣等的认识	有能力、敏感、儒雅、聪明、感情丰富	追求信仰，注意行为符合社会规范，注重智慧与能力的发展

（三）自我意识的形成和发展

个体的自我意识从发生、发展到相对稳定，大约经过 20 多年的时间。它是在社会交往过程中，随着语言和思维的发展而发展起来的。整个过程可以分为3个阶段，即从生理自我到社会自我，最后发展到心理自我。

1. 生理自我

这是自我意识的原始形态，主要是个体对自己躯体的认知，包括占有感、支配感和爱护感，它可以使个体认识到自己的存在。人出生时，并不能区分自己和非自己的东西，生活在主客体未分化的状态；七八个月的婴儿开始出现自我意识的萌芽，即能意识到自己的身体，听到自己的名字会做出明确的反应；两岁左右的儿童能掌握第一人称代词“我”的使用，在自我意识的形成中是一个大的飞跃；三岁左右的儿童开始出现羞耻感、占有心，要求“我自己来”（开始形成自主性），其自我意识有新的发展。但是这一时期的幼儿行为是一种以自我为中心的行为，以自己的身体为中心，以自己的想法和情感来认识和投射外部世界。总之，自我意识的发生、发展与生理的发展密切相关，离开了生理及其相应的心理能力的发展，自我意识就不可能发生、发展。因此，这一时期的自我意识被认为是生理自我时期，也有人称之为自我中心期。

2. 社会自我

这阶段大致从三岁到十三四岁，社会自我处于自我意识的中心。心理学研究表明，自我意识的形成和发展还有赖于个体参与社会生活、与他人相互作用。心理学家库利指出，自我观念是在与他人交往过程中，个体根据他人对本人的反应和评价而发展的，由此产生的自我观念称为“镜中我”。米德指出，我们所属的社会群体是我们观察自己的一面镜子。他对社会互动中自我意识产生的机制和过程做了深入研究，认为自我意识是在社会中通过扮演他人的角色，把自己置于互动对方的位置上而逐步形成的。从三岁到青春期，是个体接受社会教化影响最深的时期，也是角色学习的重要时期。儿童在幼儿园、小学、中学接受正规教育，通过在游戏、学习、劳动等活动中不断地练习、模仿和认同，逐渐习得社会规范，形成各种角色观念，如性别角色、家庭角色、同伴角色、学校中的角色等，并能有意识地调节控制自己的行动，道德心在发展。虽然青春期少年开始积极关注自己的内部世界，但他们主要遵从别人的观点去评价事物、认识他人，对自己的认识也服从于权威或同伴的评价。因此，这一时期个体自我意识的发展被称为社会自我发展阶段，也称为客观化时期。

3. 心理自我

这一阶段大约需要10年左右的时间才能完成，即从青春期一直到成年。发展到此阶段的个体能知觉和调节自己的心理活动、状态和特征，根据社会需要和自身发展调控自己的心理与行为。从青春发育期到青年后期，是自我意识发展的关键时期。其间自我意识经过分化、矛盾、统一趋于成熟。此时个体开始清晰地意识到自己的内心世界，关注自己内在的体验，喜欢用自己的眼光和观点去认识和评价外部世界，开始有明确的价值探索和追求，强烈要求独立，产生了自我塑造、自我教育的紧迫感和实现自我目标的驱动力。这一时期被称为心理自我发展时期，也被称为自我意识主观化时期。青年的世界观、人生观、价值观的形成是心理自我成熟的标志。

由于自我意识的发展，个体逐渐脱离对成人的依赖，表现为主动和独立的特点，强调自我价值与自我理想，特别重要的是发展了自尊和自信心。

【课堂活动】

请在10分钟内心里不断地问“我是谁”，并写出你所想到的个人特征。内容包括生理自我、社会自我、心理自我。

我是谁？

我是______________。	我是______________。
我是______________。	我是______________。
我是______________。	我是______________。
我是______________。	我是______________。
我是______________。	我是______________。
我是______________。	我是______________。
我是______________。	我是______________。
我是______________。	我是______________。
我是______________。	我是______________。
我是______________。	我是______________。

评估一下以上自己的陈述是积极的，还是消极的，如果积极多于消极，说明你的自我接纳状况较好，反之，说明自我接纳状况不足，需要思考是否过低评价了自己？是什么原因造成的？有没有改善的可能？

二、大学生自我意识的发展特点

大学生自我意识特点和同年龄段的青年有相同之处，但是由于其特殊的教育环境和知识背景，他们的自我意识又与一般青年有些不同，主要表现为以下几个方面。

（一）时刻关注自身发展

大学生不像普通青年直接进入社会，而是有四至五年的知识技能的准备时间。在这段缓冲时期里，他们围绕个人发展、个人和社会的关系，主动积极地探索自我。他们会经常独思、反省这样的一些问题：“我是谁？”“我聪明吗？”“我的性格怎样？”“我将成为怎样的人？”他们还自觉地把自我的命运和集体、国家的命运结合起来，经常考虑如何为社会服务。

调查显示，43%的大学生感到“自己是一个有价值的人，至少与他人在同一水平上”；26%的大学生希望“能为自己赢得更多的尊严”；84%的大学生表示“如果老师对自己的期望值很高并不断鼓励自己，自己就会受到鼓舞，就能下决心完成任务”；64%的大学生“希望自己更成熟”。

（二）自我评价能力提高

由于各类知识增多，生活范围扩大，感性与理性趋于成熟，大多数大学生对自己的分析、评价逐渐变得客观、全面。大多数大学生对自我的认识和评价基本与外界一致，并且自觉地按照社会的要求来评价和设计自己。

调查表明，在大学生的自我评价中，有51%的人认为“自己已经尽力，但还可以做得更好”；有31%的人认为自己“勉强合格”；只有不到10%的人对自己“非常满意”。这说明多数大学生对自己的评价趋于理性和客观，他们既能充分肯定自己，又能认识到自身的不足，其自我评价逐渐与社会评价趋于一致，并且能够自觉地按照社会发展的标准来要求自己。但是，在自我评价中，有些大学生只看表象而忽视了本质，顾此失彼；有些大学生对自己全盘否定，认为自己一无是处；也有些大学生盲目自大，唯我独尊。这反映出大学生在自我评价能力上仍有待进一步提高。

（三）自我体验丰富复杂

普通青年进入社会后，角色开始定位，在自我体验上相对来说要稳定简单些。大学生的自我体验是既丰富又复杂的，可以说是一生中或种种社会群体中“最善感”的一个年龄阶段或群体。一般来说，大学生自我体验的情绪基调是积极的、健康的，大多数大学生喜欢自己、满意自己、自尊、自信、好胜。但大学生的自我体验也比较复杂，他们敏感、闭锁，且有一定程度的波动性。凡是涉及“我”及与“我”相联系的事物，都常常会引起他们的情绪反应。他们对别人的言行和态度极为敏感，愿把自己的情感体验闭锁于内心。他们内心体验起伏较大，取得成绩时容易产生积极、肯定的自我体验，甚至骄傲自满、忘乎所以，遇到挫折时又易产生消极、否定的情感体验，甚至自暴自弃、悲观失望，有明显的两极情绪。

（四）自我控制能力提高

大学生表现出强烈的自我设计和自我规划的愿望，绝大部分学生都奋发向上力争成才，并且根据自我设计目标，自觉调节行为。同时，他们强烈要求独立和自治，希望摆脱依赖和管束。调查显示，大学生在问及“无论怎么努力都会输给竞争对手时该怎么办”的问题时，大部分人选择了“自己仍会努力”，这说明大学生在自我控制能力上已有较高的自觉性和独立性。

但是，由于大学生人生阅历浅、社会经验匮乏、对外界各种诱惑的抵制力不足，他们在自我理想的实现、人生的未来规划及自我成长的历程中，难免会经历诸多的矛盾冲突，他们的内心会产生苦恼、不安和强烈的不平衡感。一般来说，大学生在内心中都强烈地要求独立，渴望摆脱对家庭的依赖，自由地支配自己的生活。他们希望通过自己的努力获得他人的认可，从而确立全新的自我形象。但来自社会的诱惑和他人的压力使他们不能如愿以偿，并产生困惑焦虑的情绪。此时若不能及时地调整人生目标和行为方式，加强对行为的自我控制，他们可能会愈陷愈深，无法自拔，最终做出不理智甚至危险的行为。

（五）自我意识的矛盾

1. 主观我与客观我的矛盾

由于大学生生活范围比较窄，社会交往多限于老师、同学、父母，比较简单、直接，因此他们对自我的认识参照点少，局限性较大，又加上社会对大学生一向期望甚高，使大学生的自我认识也沾染上了光环色彩，而现实生活的自己平凡，和想象中的自己仍有较大的差距，这种差距给大学生带来苦恼和不满。

2. 理想我与现实我的矛盾

这是大学生自我意识最突出、最集中的表现，主要源于理想自我与现实自我的差距。理想我是指个人想要达到的完美的形象，是个人追求的目标，它引导个体实现理想中的个人自我。现实自我是个人从自己的立场出发，对现实中自我的各种特征的认识。现实自我又称个人自我，主观性较强。在现实生活中，理想自我与现实自我总是存在着一定差距的，合理的差距能够使人不断进步、奋发有为。但是，如果差距过大，则有可能引起自发的分裂，产生各种各样的心理不适，甚至自暴自弃，变得平庸无为，变得无所事事，变得没有动力。

3. 独立意向与依附心理的冲突

进入大学后，大学生独立意向迅速发展，他们希望能在经济、生活、学习、思想各方面独立，希望摆脱成人的管束。但他们在心理上又依赖父母，无法真正做到人格上的独立。这种独立和依赖的矛盾也一直是大学生苦恼的问题。应当指出的是，独立并非意味着独来独往，独立并非不需要任何人的帮助和指导，并非不需要依赖别人，而在于个人必须对自己的行为负有责任。独立的人更多的是依靠自己的力量和努力去克服或解决自我的问题，而不是完全依靠他人的帮助或依赖于别人；独立的人能够权衡利弊、审时度势，能够勇敢作出决定并能够勇于承担自己的行为责任。

过分的依附使大学生缺乏对客观事情的判断能力与决断能力，显得优柔寡断，缺乏主见；而过分的独立又使部分学生陷入“不需要社会支持”及“凡事都要靠自己”，采取我行我素、孤傲自立的行为方式，但在遭遇挫折时又会出现不知如何寻求帮助的情况。事实上，任何心理成熟的独立的现代人，都需要他人的帮助，广泛的社会支持是个体心理健康不可或缺的。

4. 交往需要与自我封闭的冲突

大学生迫切需要友谊、渴望理解、寻求归属和爱，他们有强烈的交往需要，希望和朋友探讨人生，分享苦与乐。然而，大学生同时又存在着自我封闭的趋向，他们把自己的心灵深藏起来，与人交往常存戒备心理，总是有意无意地保持一定距离。正是这种矛盾冲突，使不少大学生常处于孤独感的煎熬中。这也是大学生常常感到的“交往不如以前那么自如真诚”的原因所在。

这些矛盾都是大学生心理发展过程中的正常现象，是大学生自我意识迅速走向成熟而又未完全真正成熟的集中表现。自我意识的矛盾使大学生在心理和行为上出现某些不适应，或适应困难，感到苦恼焦虑、痛苦不安，很可能影响其心理健康发展，但这都是迈向成熟的必经之路，是个体逐步获得自我内在力量的必要丧失。要想消除矛盾，获得自我意识的统一，可从以下三个途径进行自我调节：一是努力改善现实自我，使之逐渐接近理想自我；二是修正理想自我中某些不切实际的过高的标准，使之与现实自我趋近；三是放弃理想自我而迁就现实自我。按照心理健康学的标准，不管哪种途径达到自我意识统一，只要统一后自我是完整的、协调的、充实的、有力的，就是积极和健康的统一，这种统一有利于个体的心理健康和发展，有助于社会的进步和文明。

【课堂活动】

描绘多重自我

1. 我能够做什么？
(1) 我能够做（ ）。
(2) 我能够做（ ）。
(3) 我能够做（ ）。
(4) 我能够做（ ）。
(5) 我能够做（ ）。
2. 我适合做什么？
(1) 我适合做（ ）。
(2) 我适合做（ ）。
(3) 我适合做（ ）。
(4) 我适合做（ ）。
(5) 我适合做（ ）。
3. 我擅长做什么？
(1) 我擅长做（ ）。
4. 我喜欢做什么？
(1) 我喜欢做（ ）。
(2) 我喜欢做（ ）。
(3) 我喜欢做（ ）。
5. 我讨厌做什么？
(1) 我讨厌做（ ）。
(2) 我讨厌做（ ）。
(3) 我讨厌做（ ）。
6. 我应该做什么？
(1) 我应该做（ ）。
(2) 我应该做（ ）。
(3) 我应该做（ ）。

三、大学生自我意识的偏差及其调适

个体自我意识是在外部环境的影响作用下，通过自我的主观努力形成的。自我意识发展的历程是一个主观与客观、内在与外在双向互动的过程，自我发展水平就是个体主观力量和客观力量共同作用的结果。大学生正处于心理迅速走向成熟而又尚未完全成熟的时期，自我意识还在不断发展中。传统观念作用下的大学生，在当前多元化的人生观和价值观的冲击下，在复杂多变的社会环境的影响下，如果缺乏正确的引导和自省，容易在以下几个方面出现各种发展的偏差，导致自我意识的缺陷。

（一）自我接受与自我拒绝

自我接受是指自己认可自己、肯定自己的价值，对自己的才能和局限、长处和短处都能客观评价、坦然接受，不会过多地抱怨和谴责自己。对自我的接受是心理健康的表现。但也有的学生自我评价过高，夸大自己的长处和别人的缺点，人际交往模式是“我好，你不好”，“我行，你不行”，容易盲目的乐观，影响人际关系。

自我拒绝是指不喜欢自己、不能容忍自己的缺点和弱点，否定、抱怨、指责自己等。事实上，许多学生都有不同程度的自我拒绝，这可以促使他们不断修正自己，但过度自我拒绝则是由严重低估自己引起的，可能会造成更严重的、多方面的自我否定。压抑了积极性，限制对生活的憧憬和追求，易引起严重的情感损伤和内心冲突，同时不能很好地发挥个人潜能和社会作用，给社会带来损失。

因此，作为大学生来说，一旦出现过度自我接受和过度自我拒绝就应该及时进行调整，避免严重后果的发生。大学生可通过下列几种方式进行调整。

1. 树立正确的认知观念

人不能十全十美，每个人都有优点和不足之处。人既不会事事行，也不会事事不行；一事行不能说事事行，一事不行也不能说事事不行。每个大学生都应该接纳自己的一切，在认清自己的不足的同时要肯定自己的优点，不自以为是也不要妄自菲薄。

2. 正确评价自我并确立合理的评价参照体系

人的价值本来就是相对的，只有在相互对比之下，才能确定自我价值的高低。自我评价过高或过低与参照体系有关，以弱者为参照使人自大，以强者为标准则使人自卑。除了要选择合适的外界参照标准，更重要的是以自己为标准，按照自己的条件评定自己的价值。有的大学生在评价自我时，容易出现重视他人，贬低自己。大学生应该肯定自己的优点，了解、接受并尽力改进自己的不足，成功时多反省缺点，失败时多看到自己的优点和成绩，以提高自信和勇气。

3. 培养独立和健康的人格品质

健康的人格品质主要表现有：自信不狂妄、谦虚不自卑。

（二）自尊心与自卑感

大学生自我意识发展良好的主要形式有：自尊心、自信心、好胜心、独立感等。自尊心是指要求尊重自己的言行和人格，维护一定荣誉和社会地位的一种自我意识倾向。每个大学生都有强烈的自尊心，表现为好强、好胜、不甘落后。自尊心强的大学生对自己有信心，相信自己能改正缺点，取得进步。但过强的自尊心却和骄傲、自大等联系在一起。自尊心过强者缺乏自我批评，而且不允许别人批评，以自我为中心，唯我独尊。他们回避或否认自己的缺点，缺乏自我能力，不能和他人友好相处，容易失败，也容易受伤害。自卑感是对自己不满、否定的情感，往往是自尊心屡屡受挫的结果。大学生在学校的学习、生活等方面的比赛或竞争中，以及身体、容貌、家世、地位等条件的相比中，没有一个人能永远处在胜利不败的位置。大学校园里人才济济，有的人在某些方面因遭受挫折或条件不如他人而感到自卑是很正常的。但有的同学过度自卑，斤斤计较于自己的缺点、不足和失败，结果因自卑而心虚胆怯，遇有挑战性的场合便逃避退缩。

事实上，过强的自尊心和过强的自卑感是密切联系的，那些自尊心表现得越外显、强烈，往往越是自卑的人。自尊心、自卑感过强都会影响大学生的心理发展和人格成熟。

为了改变这些不良的心理特征，应做到以下几点。

（1）对其危害要有清醒的认识，有勇气和决心改变自己。

（2）应客观、正确、自觉地认识自己、无条件接受自己，学会扬长避短。

（3）正确地表现自己，对自己的经验持开放态度，同化自我但有限度。

（4）根据经验调整对自己的期望，确立合适的抱负水平，区分长期目标和近期目标，区分潜能与现在表现。

（5）对外界影响相对独立。正确对待得失，勇于坚持正确地改正错误，同时保持一定的容忍度。

（三）自我中心与从众心理

大学阶段是自我意识发展最强烈的阶段。大学生强烈关注自我，往往愿从自我的角度、标准去认识、评价和行动，容易出现自我中心倾向。当这种倾向与某些不健康的思想意识（如个人主义、自私自利思想）和心理特征（过度的自我接受和自尊心）结合时，就会表现出过分的、扭曲的自我中心。自我中心的人凡事从自我出发，不能设身处地进行客观思考。他们往往以同学的导师或领袖身份出现，颐指气使，盛气凌人，处事总认为自己对，别人错，好把自己的意志强加于人。因而他们不易赢得他人好感和信任，人际关系多不和谐，为人处事难以得到他人的帮助，易遭挫折。要克服自我中心，首先得摆正自己的位置，既重视自己，也不贬低他人，自觉地把自己和他人、集体结合起来，走出自我的小天地；其次要实事求是、恰如其分地评估自己，既不高傲自大，也不妄自菲薄；最后要学会多设身处地地从他人的角度思考问题，尊重他人感受，关心他人。

大学生中与自我中心相反的另一现象是从众。从众心理，人皆有之，但过强的从众心理实际上是依赖反应。有过强的从众心理的大学生，缺乏主见和独立意向，自己不思考或懒于思考，人云亦云或遇到问题束手无策，结果导致自主性被阻碍，创造力受抑制。保持自己的独立性和个性，这是克服从众心理最基本的、也是最重要的途径。

（四）独立意向和逆反心理

大学生自我意识发展最显著的标志之一就是独立意向的形成。但是独立意识过头，便会矫枉过正。很多大学生把独立理解成“万事不求人”，不需要别人的帮助，其结果是在现实生活中，遇到困苦挫折，只能自吞苦果，活得沉重。其实独立并不意味着独来独往、我行我素和不顾社会规范，而是指在感情上、行为上个体能对自己负全部的责任。一个真正成熟的个体是独立的，他对自己负责任但不排除接受他人的帮助。

逆反心理也是大学生自我意识发展过程中的一种产物，其实质是为了寻求独立、寻求自我肯定，为了保护新发现的、正在逐渐形成的、但还比较脆弱的自我，为了抵抗和排除在他们看来压抑自己的那种外在力量，这是青年阶段心理发展的必然要求。因为这个原因，青年期被称为第二反抗期。

从以上分析来看，大学生自我意识发展过程中出现的失误、偏离和缺陷，是其心理尚不成熟的表现，这是由其身心发展状况和成长背景决定的，并不是某个人的缺点，而是所有的大学生或多或少都要经历的，是整个年龄阶段的特征，但也是必须调整的，以达到自我的和谐统一。

四、培养健全自我意识的途径

（一）正确地认识自我

俗话说“人贵有自知之明”。正确地认识自我，就是要全面地了解自我，不仅了解自己的性格、气质、能力，了解自己与他人的异同点，了解自己的过去和现在有什么不同，发生了哪些变化，其中特别重要的是要了解自己的长处和短处，把握自己与群体的关系，自己在社会生活中所处的位置，对自我做出恰如其分的评价。如果一个人能对自己有一个全面正确的认识和评价，就能够扬长避短，取长补短，控制自己，改变自己，完善自己，就能根据自己的实际情况选择相应的目标为之奋斗。要做到正确认识自我，可以采用以下几种方法。

1. 自评

孔子曰：“吾日三省吾身。”大学生要学会通过自省而认识自己，如“我是一个什么样的人”，可以通过三条途径来认识自己。一是自己眼中的“我”。二是别人眼中的“我”。在与别人交往时，由别人对你的态度、情感反映而觉知的我。不同关系的人对自己的反应和评价不同，它是个人从多数人对自己反应归纳的统觉。三是自己心中的“我”。也指自己对自己的期许，即理想我。我希望成为一个什么样的人？自己的理想和人生目标是什么？大学生应该经常检查自己的行为和动机是否正确，检查自己行为的实施过程中有什么不足，检查自己行为的结果有哪些收获和缺憾，从中发现自己的优点与不足，以便有的放矢地进行自我调节。

2. 他评

心理学家认为，当一个人的自我评价与别人对他的客观评价有较大程度的一致性时，表明他的自我意识较为成熟。了解他人对自己的看法，常有助于发现自己忽视的问题。古人说“以铜为鉴，可以整衣冠；以人为鉴，可以知得失”。个体可以通过他人对自己的态度、期望、评价来认识自己，但值得注意的是对别人的评价应有一个正确的态度，不能因过高的评价而飘飘然，也不能因为过低的评价而否定自己。

3. 与他人比较

有比较才有鉴别。当人们在缺乏客观评价标准的情况下，可以通过与他人的比较来评价自己。但这种比较需要不同的参照常数，在比较时应注意三点。

第一，跟别人比较的是行动前的条件，还是行动后的结果？如来读大学前家庭经济条件如何？家住农村还是城市？读大学后自己及他人各取得哪些成绩？

第二，比较的标准是什么？是绝对的还是相对的？是可变的还是不可变的？如身材、家庭等是不可变的，而知识、能力等是可以提高的。

第三，与什么样的人比较？如果与自己相类似的人比较，就能找出自己的实际水平及在群体中的地位；与杰出人物比较，则能找出自己的差距和努力的方向。在与他人比较过程中，最重要的是要选定恰当的而不是盲目的对照参数，既不要以自己的长处比别人的短处，也不能以自己的短处比别人的长处。要注意看到自己和他人之间的差距，又要学会用发展、辩证的眼光去看待自己。这样，比较的视野越广阔，方法越科学，自我的位置就定得越恰当。恰当地与他人比较而正确地评估自己的人，就能做到既不妄自尊大，也不妄自菲薄，从而能合乎实际地确定自己的奋斗目标，制定切实可行的行动计划。

4. 用活动成果来评价自我

活动成果的价值有时直接标志着自身的价值，社会衡量一个人的价值时主要是通过活动成果论定的。理想的活动成果可以使个体进一步认识自我的能力，发现自我的价值，从而进一步开发潜能，激发自信。其实任何一种活动都是一种学习，不经一事，不长一智，成败得失的经验也因人而异。对聪明又善用智慧的人来说，成功、失败的经验都可以促使他再成功，因为他们了解自己，有坚强的人格特征，善于学习，因而可以避免重蹈失败的覆辙；而对于某些自我比较脆弱的人来说，失败的经验可能使他丧失自信心；对于有些狂妄自大的人来说，他们可能因幸得成功而骄傲自大，以后做事便会自不量力，在遭受更多的失败后出现一蹶不振，从此不能支撑起独立的自我。

（二）积极地悦纳自我

每个人都知道“自我”是最重要的，可总是有些人不能真正地尊重自己、爱惜自己。他们可以喜欢朋友、喜欢自然，却不愿意喜欢自己，结果他们不快乐。例如有些大学生对自己的容貌、性格、才能、家庭等某一方面或几方面不满，而又无力改变，便产生厌弃自己的情绪。这种自我排斥的心态是心理幼稚的一种表现，如不及时摆脱，轻者导致心理异常，严重的可能酿成悲剧。人总是要对自己有所肯定又有所否定，并且在自我意识的发展中建立起二者的动态平衡。否则，对自己不满过于强烈，就会加剧心理矛盾，产生心理持续紧张，这样不仅会使个体感到活得很累，还可能引发心理问题。因此，悦纳自我是建立成熟的自我意识的关键和核心。

要做到悦纳自我，需要强化四个理念。

一是坚信“只要真正付出努力，同等条件下，别人行，我也一定能行”。以此来增强自信心。而强烈的自信和理智的努力能激发个体的潜能，促进成功。成功后的愉悦又可以使个体进一步增添自信，形成良性循环。

二是不忘“尺有所短，寸有所长”。恰当地认同自己，而不是苛求自己。

三是懂得“失之东隅，收之桑榆”。正视自己的短处，既努力扬长又注意补短。

四是记住“失败是成功之母”。正确地对待成功和失败。成功是一个人努力所结出的果实，成功和失败是相辅相成的，成功的果实只有在艰辛的努力中慢慢成熟，而且常常要经过许多的失误和挫折。如果一个人一遇到挫折就灰心退却，便永远也尝不到成功的美酒。

（三）科学地塑造自我

加强自我修养，不断进行自我塑造，达到完善自我、超越自我，是健全自我意识的终极目标。大学生情感丰富，社会磨炼不足，加上人生观和价值观没有完全确立，很容易受到各种社会思潮与其他外部环境的影响，对待问题容易偏激和情绪化，对自己的长处和短处往往可能估计不足，顺境时，容易自视过高，受到挫折时，又容易走向另一极端，自卑自弃，常常会陷入“理想自我”与“现实自我”，“自我肯定”与“自我否定”等矛盾之中，并表现出心理的不平衡。大学期间不仅是人才的准备阶段，也是人生的转折时期，因此，这个时期的大学生尤其需要塑造自我，为在日后的社会竞争中取得成功打下良好的基础。

1. 确立目标

确立正确的自我目标，关键是要按照社会的需要和个人的特点来进行设计，做一个“自如的我，独特的我，最好的我，社会欢迎的我”。所谓“自如的我”，是指不给自己提出脱离实际的过高要求，不使自己总是陷入自责、自怨、自恨的境地，而是给自己设计可望可及又难及的目标，也就是对自己有吸引力同时只要付出相当的努力就能达到的目标，从而能够在坦然面对自己的客观存在中，不失积极地生活。所谓“独特的我”，是指不一味地追求时尚，不在刻意模仿中失去自我，而是在接受自我的过程中扬长避短，自在地生活。所谓“最好的我”，是指立足于现实，选择适合自己的正确人生道路，尽最大努力，达到最佳水平，充分实现自己的人生价值，能够满意地生活。所谓“社会欢迎的我”，是指要有正确的价值取向，把自我实现的蓝图与祖国的富强、人类的幸福结合起来，以为社会作出自己最大的贡献为己任，真正充实地生活。

2. 培养坚强的自控能力

在实现人生目标的旅途上，不仅有各种本能欲望的干扰，还会充满各种外部世界的诱惑。本能的欲望常令人背弃理智，如贪图安逸、追求物欲、趋利避害等。名种物质的诱惑，容易使人偏离正确的前进轨道，松懈奋进的斗志，放弃对远大目标的追求，甚至把青年人引向歧途。一个人要想成就一番事业，就必须能够摆脱诱惑，主宰自己的行动，这就需要有坚强的自我控制能力，以保证理智地约束自己的情感，把握自己的行为。

3. 塑造健全的人格

健康的自我意识的形成，除了要有对自我的正确认知，还要有健全的人格的支持。大学生培养和谐、健全的人格，对健康的自我意识的发展，将起到良好的促进作用。

【课堂活动】

请大声朗读家庭治疗大师维吉尼亚·萨提亚的自尊宣言——小诗《我是我自己》。

我就是我。

在这个世界上，没有一个人完全像我。

某些人有某部分像我；但，没有一个人完完全全像我。

因此，从我身上出来的每一点、每一滴，都那么真实地代表我自己。

因为，是我选择的。

我拥有一切的我：

我的身体，和它所做的事情；

我的大脑，和它所想的、所思的；

我的眼睛，和它所看到的、所想象的；

我的感觉，不管它有没有流露出来——愤怒、喜悦、挫折、爱、失望、兴奋；

我的嘴，和它所说的话，礼貌的、甜蜜的或粗鲁的，正确的或不正确的；

我的声音，大声的或小声的；

以及我所有的行动，不管是对别人的或对自己的。

我拥有我的幻想、梦想、希望和害怕。

我拥有关于我的一切胜利与成功，一切失败与错误。

因为我拥有全部的我，因此我能和自己更熟悉、更亲密。

由于我能如此，所以我能爱自己并友善地对待自己的每一部分。

于是，我就能够做我最感兴趣的工作，我知道某些我困惑的部分和一些我不了解的部分。

但，只要我友善地去爱我自己，我就能够有勇气、有希望地寻求途径来解决这些困惑并发现更多的自己。

然而，任何时刻，我看、我听、我说、我做、我想，或我感觉，那都是我。

这是多么真实，表现了那时刻的我。

过些时候，我再回头看我所看的、听的，我做过的，我所想、所感觉的，

有些可能变得不合适了，我能够丢掉一些不合适我的，保留合适的，并且再创造一些新的。

我能看、听、感觉、思考、说和做。

我有方法使自己觉得活得有意义，使自己亲近别人，使自己更丰富和有创意，

并且明白这世上其他的人类和我身外的事物。

我拥有我自己，因此我能驾驭我自己。

我是我，而且我是可以的。

【心理测试】

（一）自我和谐量表（见表3－2）

表3－2　自我和谐量表（SCCS）①

项目	完全不符	比较不符	不确定	比较符合	完全符合
1. 我周围的人往往觉得我对自己的看法有些矛盾	1	2	3	4	5
2. 有时我会对自己在某些地方的表现不满意	1	2	3	4	5
3. 每当遇到困难，我总是首先分析造成困难的原因	1	2	3	4	5
4. 我很难恰当地表达我对别人的情感反应	1	2	3	4	5
5. 我对很多事情都有自己的观点，但我并不要求别人也与我一样	1	2	3	4	5
6. 我一旦形成对事物的看法，就不会再改变	1	2	3	4	5
7. 我经常对自己的行为不满意	1	2	3	4	5
8. 尽管有时候做一些不愿意做的事，但我基本上是按自己意愿办事的	1	2	3	4	5
9. 一件事好是好，不好是不好，没有什么可含糊的	1	2	3	4	5
10. 如果我在某件事上不顺利，我就往往会怀疑自己的能力	1	2	3	4	5
11. 我至少有几个知心朋友	1	2	3	4	5
12. 我觉得我所做的很多事情都是不该做的	1	2	3	4	5
13. 不论别人怎么说，我的观点决不改变	1	2	3	4	5
14. 别人常常会误解我对他们的好意	1	2	3	4	5
15. 很多情况下我不得不对自己的能力表示怀疑	1	2	3	4	5
16. 我朋友中有些是与我截然不同的人，这并不影响我们的关系	1	2	3	4	5
17. 与朋友交往过多容易暴露自己的隐私	1	2	3	4	5
18. 我很了解自己对周围人的情感	1	2	3	4	5
19. 我觉得自己目前的处境与我的要求相距太远	1	2	3	4	5
20. 我很少去想自己所做的事情是否应该做	1	2	3	4	5
21. 我所遇到的很多问题都无法自己解决	1	2	3	4	5
22. 我很清楚自己是个什么样的人	1	2	3	4	5

① 汪向东，王希林，马弘．心理卫生评定量表手册（增订版）［M］．北京：中国心理卫生杂志社，1999.

续表

项目	完全不符	比较不符	不确定	比较符合	完全符合
23. 我很能自如地表达自己所要表达的意思	1	2	3	4	5
24. 如果有足够的证据，我也可以改变自己的观点	1	2	3	4	5
25. 我很少考虑自己是一个什么样的人	1	2	3	4	5
26. 把心里话告诉别人不仅得不到帮助，还可能招致麻烦	1	2	3	4	5
27. 在遇到问题时，我总觉得别人都离我很远	1	2	3	4	5
28. 我觉得很难发挥出自己应有的水平	1	2	3	4	5
29. 我很担心自己的所作所为会引起别人的误解	1	2	3	4	5
30. 如果我发现自己某些方面表现不佳，总希望尽快弥补	1	2	3	4	5
31. 每个人都在忙自己的事，很难与他们沟通	1	2	3	4	5
32. 我认为能力再强的人也可能遇上难题	1	2	3	4	5
33. 我经常感到自己是孤独无援的	1	2	3	4	5
34. 一旦遇到麻烦，无论怎么做都无济于事	1	2	3	4	5
35. 我总能清楚地了解自己的感受	1	2	3	4	5

（二）说明

本量表经因素分析得到三个分量表：“自我与经验的不和谐”“自我的灵活性”及“自我的刻板性”。“自我与经验的不和谐”反映的是自我与经验之间的关系，包含对能力和情感的自我评价、自我一致性、无助感等，它所产生的症状更多地反映了对经验的不合理期望；“自我的灵活性”与敌对和恐怖的相关显著，可能预示自我改变的刻板和僵化；“自我的刻板性”不仅同质性信度较低，而且仅与偏执有显著相关。这三个分量表的含义有待进一步研究。三个分量表所包含的项目如表 3－3 所示。

表 3－3　三个分量表

分量表	项目
自我与经验的不和谐	1、4、7、10、12、14、15、17、19、21、23、27、28、29、31、33
自我的灵活性	2、3、5、8、11、16、18、22、24、30、32、35
自我的刻板性	6、9、13、20、25、26、34

（三）评分

“自我的灵活性”分量表反向计分，即选“1”计 5 分，选“2”计 4 分，以此类推；其他两个分量表为正向计分，即选“1”计 1 分，选“2”计 2 分，以此类推。总分为 3 个分量表分数相加，得分越高，说明自我和谐度越低。在大学生中，低于 74 分为低分组，75～102 分为中间组，103 分以上为高分组。

【心灵影院】

《寻找自我意识》

数千年以来，哲学家一直在努力尝试解答这两个问题：我是谁？自我意识如何通过大脑产生？然而一直未得出满意的答案。网易公开课里这个由 BBC 出品的《寻找自我意识》，讲述了牛津大学数学教授马库斯·杜·桑托伊在他自己的大脑中进行了一次深度旅行——进行了一系列神经系统中十分不寻常的实验，来探索“自由意志”和“自我”的真正由来。这个视频让我们从神经系统学家一些令人兴奋又紧张的发现中去探索自我意识的奥秘。

【心灵书架】

《自卑与超越》

作者：［奥］阿德勒著，李章勇译。

出版社：中国华侨出版社。

内容简介：《自卑与超越》成书于阿德勒思想最为成熟的时期。他认为人类的行为都是出于自卑感及对自卑感的克服与超越。作者以平易轻松的笔调描写了自卑感及其对个人行为的影响，个人如何克服自卑感并将其转变为对优越地位的追求，获取成就。

其实，我们每个人都有不同程度的自卑感。自卑感会造成紧张，争取优越感的补偿动作必然同时出现，而争取优越感的动作总是朝向生活中无用的一面，真正的问题却被遮掩起来。人们限制自己的活动范围，苦心孤诣地要避免失败，而不是追求成功。在困难面前表现出犹疑、彷徨，甚至是退却的举动，那么自卑感会变成人们精神生活中长久潜伏的暗流。

作者通过亲身体会和研究成果，列举了诸多典型的案例，以回忆、梦、生活习惯等为线索，向我们全方位地讲解了个人心理形成的根源，然后进行疏导和逐步治愈。全书思路清晰明了，易于掌握，对我们每个人进行心理自救、调理身心具有相当的鼓励和指导作用。

第四章　人格发展与心理健康

【学习目标】

1. 了解人格的概念、特征和类型。
2. 了解大学生常见人格问题及调节。
3. 了解人格障碍的含义和类型。
4. 能用所学知识完善和塑造健全的人格。

【课前讨论】

中国流传一句话，“积习成性，积性成命”，谈谈你的看法。

【案例故事】

这是一封学生的来信：

老师，您好！请您帮帮我，我觉得自己的灵魂在被恶魔吞噬，我一步步走向罪恶无法自拔，我不想这样，但我真的不知道怎样走出来……一切都是因为我的好朋友小莉，原本我们是非常要好的朋友，我们一起上课，一起自习，一起逛街，不知什么时候开始我发现我见不得她出彩。她总是很幸运，什么好事都愿意找上她。我们都是学生会干部，可是她却总能评上优秀，老师们好像都偏爱她。我买了件新衣服，她试穿之后，室友们也都说她穿比我穿好看，就连我俩同时欣赏的“师哥”也特别愿意跟她说话。她就像一位美丽的公主，上帝把所有的光环都罩在她身上，我呢，就像是衬托她美丽的丑小鸭，我不愿意这样活。那天我和她同台在系晚会上唱歌，趁她不备，我弄坏了她演出服的拉链，等着看她出丑，结果她临时用丝带套上，大家都夸她聪明，服装别具一格，当时我差点喷火。期末考试快来了，她拿一本教材叫我帮她去图书馆占座位，我把教材丢在垃圾桶里，谎称不知道谁给拿走了，虽然她没有说什么，但我知道她一定有所察觉。我俩一起找兼职，她却接到了邀请电话，我趁她不在偷偷替她推掉了。事后我被揭发了，小莉哭着问我为什么这么做，我们彻底决裂了。看着她哭，我很难受，可我就是看不惯她什么都走运。现在同学们对我的非议也很多。有时想想也觉得自己很可怕很陌生，我怎么变成这样了，这不是典型的坏人嘛！我该怎么办?

有调查数据显示，当代大学生的焦虑、抑郁情绪相当一部分来自同伴的压力，原因可能来自对自己的期望值过高以及自我想象的受众过多。在这个案例中，吞噬这位学生灵魂的恶魔正是嫉妒，嫉妒是大学生常见的人格缺陷。人格缺陷是介于正常人格与人格障碍之间的一种人格状态，也可以说是一种人格发展的不良倾向，不仅影响活动效率，妨碍正常的人际关系，还会带来消极、阴暗的色彩。因此，创造良好的社会心理条件，培养、增进、塑造健全的人格就成为大学生心理健康教育的一项重要任务。

一、人格概述

（一）人格的含义与特征

从字源上看，我国古代汉语中没有“人格”这个词，只有“人性”“人品”“品格”等词。中文中的“人格”这个术语是从日文引入的，而日文中的“人格”一词则来自对英文“personality”一词的意译。英语中的“personality”一词最早来源于拉丁文的“persona”，本意是指面具。所谓面具，原指古希腊时期的演员为扮演角色而戴上的面具，现在普遍指演戏时应剧情的需要所画的脸谱，它表现剧中人物的角色和身份。把面具指义为人格，实际上包含着两层意思：一是指个人在生活舞台上表演出的各种行为表现于外给人的印象特点或公开的自我；二是指个人蕴藏于内部而外部未露的特点，即被遮蔽起来的真实的自我。

随着西方古代语言学的发展，“人格”这一具体的专指面具的词被加以扩展和引申，以至于渐渐演变成一个抽象而又多义的名词，其使用范围非常广泛，在生理、心理、宗教、社会、伦理、法律和美学等不同领域被赋予不同的意义。即使在心理学中，“人格”也是一个很复杂的概念。人格心理学家有多少种理论就可能有多少种定义。美国人格心理学家奥尔波特曾综述前人关于人格的研究成果时，列出50个定义。这里所说的人格，是相对于认知、情绪、意志等而言的一种心理现象，亦称个性，它反映了一个人总的心理面貌，是指一个人在一生发展的漫长历程中，逐渐形成的表现为稳定的和持续的心理特点，以及行为方式的总和。这些心理特点主要包括以下几方面的内容：气质、性格、能力、兴趣、爱好、需要、理想、信念，其中，气质、性格是人格的重要组成部分。

按照心理学的描述，人格具有以下几个基本特征。

1. 人格的整体性

人格的整体性是指人格虽有多种成分和特性，但在一个现实的个人身上是错综复杂的，相互联系，相互作用，组成一个有机的整体。人格的整体性表现在人格内在统一性上，一个失去了人格内在统一性的人，他的行为就会经常由几种相互抵触的动机支配，或者思想和行动相互抵触，导致心理冲突，导致人格分裂，形成“双重人格”或“多重人格”。

2. 人格的稳定性

人格的稳定性是指较为持久的一再出现的定型的东西。主要表现为两个方面：一是人格的跨时间的持续性，二是人格的跨情境的一致性。例如，一个外倾的学生不仅在学校里善于交际，喜欢交朋友，在校外活动中也喜欢交际，喜欢聚会，而且不仅在中学时如此，在大学时也是如此。那些暂时的、偶尔表现出来的行为则不属于人格特征。

3. 人格的独特性

人格的独特性是指人与人之间的心理和行为是各不相同的。也就是说，一个人的人格是由某些与别人共同的或相似的特征以及完全不同的特征错综复杂地交织在一起构成的独特的人格。由于人格结构组合的多样性，使每个人的人格都有自己的特点。

4. 人格的社会性

人格受个体的生物性的制约。人格是在个体的遗传和生物性的基础上形成的。人的自然的生物特性不能预定人格的发展方向，然而，它却构成人格形成的基础，影响着人格发展方向和方式，影响着某些人格特征形成的难易。

（二）人格的类型

1. 体液论的四种人格类型

古希腊医生希波克拉底（Hippocrates）认为，人的气质是由人体体液的不同分配比例决定的。他设想人体内有血液、黏液、黄胆汁和黑胆汁四种基本体液，而个体的人格特征取决于这四种体液混合的比例。后人继承并发展了这一学说，把气质分为多血质、黏液质、胆汁质和抑郁质4种类型。

（1）多血质。这种类型属于敏捷而好动类型，神经过程强而平衡且灵活性强。感受性低；耐受性高；反应快而灵活；情绪兴奋性高，外部表露明显；外倾性明显；行为可塑性大。行为特征表现为：活泼好动，敏感，反应迅速，喜欢与人交往，注意力容易转移，兴趣容易变换，情绪易表现和变换，对行为的改造比较容易等。属于这种气质类型的人更容易适应环境的变化，性情开朗热情，善于交际，在群体中精神愉快，相处自然；在工作和学习上肯动脑筋，办事效率高；对外界事物有广泛的兴趣。但是他们往往不安于现状，情绪不够稳定，容易浮躁，缺乏耐心和坚持性。

（2）黏液质。这种类型属于沉默而安静类型，神经过程强而平衡且灵活性低。感受性低；耐受性高；反应速度缓慢，具有稳定性；情绪兴奋性低；内倾性明显；行为有一定可塑性。行为特征表现为：安静，稳重，反应缓慢，沉默寡言，情绪不易外露，注意力稳定又难于转移，善于忍耐，对兴奋性行为的改造容易等。属于这种气质类型的人无论环境如何变化，总能基本保持心理平衡，凡事力求稳妥、深思熟虑，一般不做无把握的事，具有很强的自我克制能力，很少流露内心真实情感；与人交往时，态度稳重适度，不爱抛头露面；行动缓慢而沉着，能够恪守既定的生活秩序和工作制度。但是他们往往过于拘谨，不善于随机应变，墨守成规，常常沉稳有余，灵活性不足。

（3）胆汁质。这种类型属于兴奋而热烈的类型，神经过程强而不平衡。感受性低；有一定耐受性；反应快而灵活；情绪兴奋性高；抑制能力差；外倾性明显；行为有一定可塑性。行为特征表现为：直率热情，精力旺盛，情绪易于冲动，心境变换剧烈，脾气急躁，对兴奋性行为的改造较不容易等。这种气质类型的人一般表现为有理想抱负，有独立见解；行为果断，表里如一；有魄力敢于负责，喜欢指挥别人。但是，他们往往比较粗心，缺乏自制力，容易感情用事，刚愎自用。

（4）抑郁质。这种类型属于呆板而羞涩的类型，神经过程呈弱型。感受性高；耐受性低；反应速度慢，刻板而不灵活；情绪兴奋性高而体验深；内倾性特别明显；行为可塑性小。行为特征表现是：孤僻胆小，行动迟缓，不易动情，体验深刻细心，感受性很强，敏感多疑，缺乏果断和自信，精力较不足，忍耐力较差，对行为的改造较难等。这种气质类型的人喜欢独处，交往拘束；常因微不足道的小事引起神经紧张，情绪波动；极少对外表露自己的情感，但内心体验却相当深刻；他们遇事三思而后行，求稳不求快，因而显得迟缓刻板；性情怯弱自卑，优柔寡断。

2. 荣格的8种人格类型

瑞士心理学家荣格（Carl Gustv Jung）认为，人有两种基本的态度类型：一种是内向型，其精神活动主要指向主观世界，表现为迟疑、孤僻、退缩、情绪深沉、多思寡言、关注他人、经常提防戒备、不愿出头露面；另一种是外向型，其精神活动主要指向客观世界，表现为开朗、坦率、乐群、情绪外露、健谈、随意、不顾他人、喜欢社会交往、敢于冒险。现实生活中极端内向或极端外向的人极少，绝大多数人处于内向与外向之间。

荣格还提出4种心理机能，即感觉、思维、情感、直觉。其中，思维和情感都是理性的，需要判断，感觉和直觉都是感性的，需要体验。荣格将两种态度类型和4种心理机能进一步组合，划分出以下8种不同的人格类型。

（1）感觉内向型。这种类型的人比较看重事物的效果，不太看重事物的本身，对客观事物有深刻的主观感受，生活中某种颜色或某件小事都会引起他们快乐或悲哀的情感体验。

（2）思维内向型。这种类型的人喜欢抽象思维，对事物的内在规律和原理感兴趣，常根据自己的主观认识来分析事物，确定行动的目标。

（3）情感内向型。这种类型的人沉默寡言，不容易使人接近，常给人以冷漠的印象，但其内心情感体验丰富，富有同情心。

（4）直觉内向型。这种类型的人经常关注主观体验的潜在背景，内心想象十分丰富，并在他的心理活动中占有重要的地位。他经常产生各种离奇的幻觉、想象，甚至具有超感能力，可以对事物产生某种奇异的体验。

（5）感觉外向型。这种类型的人对客观事物非常敏感，判断事物的感觉比较灵敏，经常能记住事物的外部特征，对事物外在的美妙和有序赞叹不已。

（6）思维外向型。这种类型的人喜欢对外部世界进行有条理的分析，常对行为的结果感兴趣，而对潜在的观念和原理不感兴趣，他的思维活动常以客观事实为依据。

（7）情感外向型。这种类型的人特别喜欢和睦的人际关系，为人热情，乐于助人，主动而又富有想象力，但经常不遵循传统的价值观。

（8）直觉外向型。这种类型的人常对不确定的事物有敏悦的察觉能力，对外部环境中任何新奇的事物都抱有极大的兴趣，但注意力容易转移，难以坚持执行计划。

3. A型与B型

20世纪50年代，美国心脏病学家弗雷德曼（M. Friedman）和罗斯曼（R. H. Roseman）根据人们在时间匆忙感、紧迫感以及好胜心等方面的特点，将人格划分为A型和B型。

A型人格的人有进取心、自信心、成就感，抱负远大，他们的时间感强，生活节奏快。他们一般具有侵略性，喜欢争强好胜，对人怀有戒心和敌意。在情绪上好激动，缺乏耐心，容易紧张。B型人格的人悠闲自得，不紧张，生活较松散，对任何事情处之泰然。他们一般无时间紧迫感，有耐心，沉着镇静。同时，他们能够与世无争，容忍他人，保持人际关系的和谐。

心理学家发现，A 型人格的人由于对自己期望值过高，好胜心强，竞争压力大，导致其心理负担过重。长期的精神紧张容易使他们患上高血压、心脏病、心肌梗死等疾病。统计表明：85% 的心血管疾病与 A 型人格有关；在心脏病患者中，A 型人格的人占 98%；在心脏冠状动脉硬化的患者当中，A 型人格的人要比 B 型人格的人高 5 倍。

（三）常见人格障碍

1. 人格障碍的含义

人格障碍，也称病态人格，是指在人格发展过程中存在内在的不协调性，在无认知障碍或智力障碍的情况下出现的情绪、动机和行为活动的异常。

一个人如果具有人格障碍，就不能与周围环境保持协调一致，并会经常与他人发生冲突，丧失工作的责任心和义务感。有的人甚至会超越社会伦理与道德，做出危害他人和社会的行为。

2. 人格障碍的一般特征

人格方面的缺陷，如偏执、敌对、冷漠、依赖、自卑、敏感、多疑、嫉妒、自负、急躁、冲动等，在许多人身上都存在，这只是一个人人格不完善的表现。但如果这些人格缺陷不能被及时克服，就可能成为严重的人格障碍，它们不仅会危害身心健康，而且可能对社会和他人造成严重的影响。一般来说，人格障碍的主要特征包括以下几个方面。

（1）心理紊乱，人际交往困难。

（2）把自己遇到的一切困难都归咎于命运或他人，认为一切不利于自己的外界条件都是不应该出现的，对自己的缺点却毫无察觉，或者即使察觉也不改正。

（3）以自我为中心，认为自己对他人不负任何责任，对自己的不道德行为没有罪恶感，对伤害别人的行为不后悔，对自己的一切行为都执意地偏袒。

（4）在任何环境中都表现出猜疑、仇视和偏颇的看法，难以改变病态的观念。

（5）缺乏自知，即使自己的行为后果伤害了他人，仍泰然自若，毫无感觉。

（6）意识清醒，无智力障碍。

（7）一旦形成，难以改变。

3. 人格障碍的主要类型

（1）反社会型人格。反社会型人格是一种带有违法或犯罪特征的人格障碍，具有这种类型人格的人情绪不稳定，常为一时冲动性的动机所支配，容易陷入违法乱纪行为的泥潭。反社会型人格的人在生活中一般有过撒谎、逃学、打架、小偷小摸、过早性行为、虐待小动物、欺负弱小同伴等行为。有些人还经常破坏公共财物、旷课或因不遵守校纪校规被开除。他们情绪易激动，喜欢斗殴和攻击别人，心肠冷酷，忘恩负义，在侵害他人时没有一点内疚感，对自己的亲人也不例外。具有这种人格障碍的人对家庭、学校、社会都会产生十分严重的危害。

（2）偏执型人格。偏执型人格的人对批评特别敏感，对他人的侮辱和伤害耿耿于怀。他们心胸狭隘，行动固执刻板，常常毫无根据地怀疑他人。他们嫉妒心强，对别人获得成就或荣誉感到紧张不安。他们自尊心极强，总认为自己是正确的，从而过高地估计自己的能力，无端夸大自己的重要性，而习惯将失败归咎于他人，他们常过多过高地要求别人，却从不相信别人的动机和意愿。他们不能正确、客观地分析形势，不相信与自己想法不符的客观证据。他们情感冷漠、孤僻独处，不能与家人、朋友和同事建立亲密的关系。

（3）强迫型人格。强迫型人格的人主要表现为自制力和自我约束力过强，常有不安全感和不完善感。他们过分注意自己的行为是否正确、举止是否恰当，因此言行十分拘谨和小心翼翼。他们思维僵化，缺乏随机应变的能力，常常顾虑小事而忽略大事。他们做事过分追求完美，过分专注于细节、规则、秩序组织或时间表，而且常要求他人完全遵照自己的方式行事，在现实生活中，这种人一般无明显的金钱欲望却过度地献身于工作，并因此而放弃休闲的生活和他人的友谊。他们对伦理道德、价值观等问题表现得过于诚实，毫无弹性，遇事优柔寡断，难以作出决定。

（4）自恋型人格。自恋型人格的人一般过分关注自我，喜欢以自我为中心，常幻想自己很了不起，有过人的才学或外貌。他们非常专注于充满成功、权力和成就的幻想，注重争取权力，期待得到特殊待遇，享受特权。他们认为自己很优秀、很独特，因此非常需要他人的注意和赞美。他们对别人的评价很敏感，尤其不能接受他人的批评和建议。在与他人交往时，他们缺乏同情心，嫉妒心强，不能体谅和理解他人的感受。

（5）退缩型人格。退缩型人格的人一般具有害羞、胆小、退缩、自卑等心理特点。他们对社交感觉不适，害怕人际交往中负面的评价，容易因批评或不同意见而受到伤害，因此总是尽量回避重大的社交或职业活动。即使参加社交活动，也会因为害怕说错话、担心行为不当或无法回答别人的问题而经常保持沉默。他们常因担心遭到拒绝而不愿与他人交往，除非确保会被友善地接纳。所以，除了亲人，他们没有其他的知心朋友。在日常生活中，他们常表现得安分守己，按部就班，不敢应对挑战，不愿跨越常规解决问题；遇到非常规的事情时，总爱夸大其潜在的困难和危险，因此经常错过解决问题的最佳时机。

（6）依赖型人格。依赖型人格的人常表现为无法独立自主地作出决定，也无法独立地工作或执行计划，必须依靠别人的指导来完成。他们往往缺乏判断力，有时即使坚信别人是错误的，仍会同意他人的意见或建议。为获得他人的好感，他们甘愿做令自己感到不快乐或降低自己身份的事情，他们因恐惧自己会被他人抛弃而经常在现实中委曲求全。

（7）戏剧型人格。戏剧型人格的人一般性格外向、活泼好动、不甘寂寞，经常出现在人多的场合，希望成为大家关注的焦点。他们常以奇装异服来吸引别人的注意，或通过表情丰富、内容夸张的表演获取他人的赞美。他们在与人交往时常感情用事，以自我为中心，只关注自己的感受，自我感觉有很多知心朋友，事实上却并非如此。如果在情感上受挫或处于激愤状态下，他们很容易做出自伤或自杀行为。

（8）多重人格。多重人格的人同时具有两种或两种以上迥然不同的亚人格，是一种癔症性的分离性心理障碍。平常人们所说的“觉得自己不是自己”就是多重人格的典型表现。

一个具有多重人格的人，虽然在他身上表现出来两种或更多完全不同的亚人格，但在某一时间只有一种最为明显，并且每种亚人格都是完整的，都有自己的记忆、行为、兴趣、偏好，完全可以独立存在。

多重人格包括双重人格、三重人格……多的可以达到十七重人格，其中以双重人格最为多见。双重人格的人通常是其中一种人格占优势，两种人格互不进入对方的记忆，一方几乎意识不到另一方的存在。双重人格的人，起初一种人格向另一种人格转变的过程非常突然，常伴随创伤性事件，以后这种转变只在其遇到重大应激事件、接受放松或催眠治疗时才发生。

具有上述 8 种人格障碍的人在日常生活中并不占多数，但具有某些人格障碍特点的人在生活中却比比皆是。这些人格特点虽然不能视为人格障碍，但如果不及时加以克服，极有可能转变为人格障碍。

【课堂活动】

你是哪种气质类型

下面 60 道题大致可以确定你的气质类型。若与你的情况“很符合”计 2 分，“较符合”计 1 分，“一般”计 0 分，“较不符合”计 –1 分，“很不符合”计 –2 分。

1. 做事力求稳妥，不做无把握的事。
2. 遇到可气的事就怒不可遏，想把心里话说出来才痛快。
3. 宁可一个人干事，不愿很多人在一起。
4. 到一个新环境很快就能适应。
5. 厌恶那些强烈的刺激，如尖叫、噪声、危险镜头等。
6. 和人争吵时，总是先发制人，喜欢挑衅。
7. 喜欢安静的环境。
8. 喜欢和人交往。
9. 羡慕那些善于克制自己感情的人。
10. 生活有规律，很少违反作息时间。
11. 在多数情况下情绪是乐观的。
12. 碰到陌生人觉得很拘束。
13. 遇到令人气愤的事，能很好地自我克制。
14. 做事总是有旺盛的精力。
15. 遇到问题常常举棋不定，优柔寡断。
16. 在人群中从不觉得过分拘束。
17. 情绪高昂时，觉得干什么都有趣，情绪低落时，觉得干什么都没有意思。
18. 当注意力集中于一事物时，别的事物就很难使自己分心。
19. 理解问题总比别人快。
20. 遇到不顺心的事从不向他人诉说。
21. 记忆能力强。
22. 能够长时间做枯燥、单调的事。
23. 符合兴趣的事，干起来劲头十足，否则就不想干。

24. 一点小事就能引起情绪波动。
25. 讨厌做那种需要耐心、细致的工作。
26. 与人交往不卑不亢。
27. 喜欢参加热烈的活动。
28. 爱看感情细腻、描写人物内心活动的文学作品。
29. 工作学习时间长了，常感到厌倦。
30. 不喜欢长时间谈论一个话题，愿意实际动手干。
31. 宁愿侃侃而谈，不愿窃窃私语。
32. 别人说我总是闷闷不乐。
33. 理解问题时常比别人慢些。
34. 疲倦时只要短暂的休息就能精神抖擞，重新投入工作。
35. 心里有事，宁愿自己想，不愿说出来。
36. 认准一个目标就希望尽快实现，不达目的，誓不罢休。
37. 同样和别人学习、工作一段时间后，常比别人更疲倦。
38. 做事有些莽撞，常常不考虑后果。
39. 别人讲授新知识、技术时，总是希望他讲慢些，多重复。
40. 能够很快忘记那些不愉快的事情。
41. 做作业或完成一件工作时总比别人花费的时间多。
42. 喜欢运动量大的剧烈活动，或参加各种文体活动。
43. 不能很快地把注意力从一件事转移到另一件事上去。
44. 接受一个任务后，就希望把它迅速解决。
45. 认为墨守成规要比冒风险强些。
46. 能够同时注意几件事物。
47. 当我烦闷的时候，别人很难使我高兴。
48. 爱看情节起伏跌宕、激动人心的小说。
49. 对工作抱认真谨慎、始终如一的态度。
50. 和周围人们的关系总是相处不好。
51. 喜欢复习学过的知识，重复做已经掌握的工作。
52. 喜欢做变化大、花样多的工作。
53. 小时候会背的诗歌，我似乎比别人记得清楚。
54. 别人说我“出语伤人”，可我并不觉得这样。
55. 在体育运动中，常因反应慢而落后。
56. 反应敏捷，大脑机智。
57. 喜欢有条理而不甚麻烦的工作。
58. 兴奋的事情常使我失眠。
59. 别人讲新概念，我常常听不懂，但是弄懂以后就很难忘记。
60. 假如工作枯燥无味，马上就会情绪低落。

1. 评分方法（见表4－1）

表4－1 得分表

气质类型	题号	总分
胆汁质	2、6、9、14、17、21、27、31、36、38、42、48、50、54、58	
多血质	4、8、11、16、19、23、25、29、34、40、44、46、52、56、60	
黏液质	1、7、10、13、18、22、26、30、33、39、43、45、49、55、57	
抑郁质	3、5、12、15、20、24、28、32、35、37、41、47、51、53、59	

2. 气质类型诊断

（1）如果某一项或两项的得分超过20分，则为典型的该气质。

（2）如果某一项或两项以上得分在20分以下、10分以上，其他各项得分较低，则为该项一般气质。

（3）如果各项得分均在10分以下，但某项或几项得分较其余项高（相差5分以上），则为略倾向于该项气质（或几项的混合）。

（4）一般来说，正分值越高，表明该项气质特征越明显；反之，正分值越低或得负分值，表明越不具备该项气质特征。

3. 气质类型特点（见表4－2）

表4－2 气质类型特点

类型	气质特点	工作特点	推荐职业
胆汁质	直率热情，精力旺盛，反应迅速而有力，但是脾气急躁，易于冲动	适合做反应迅速、动作有力、应激性强、危险性较大、难度较高而费力的工作，不适宜从事剧烈多变的工作	出色的导游员、勘探工作者、推销员、节目主持人、演讲者、外事接待人员等
多血质	情感丰富，反应灵活，易接受新事物，但是情绪不稳定，精力易分散	较适合做社交性、文艺性、多样化、要求反应敏捷且均衡的工作，而不太适应做需要细心钻研的工作	外交人员、管理者、驾驶员、医生、律师、运动员、新闻记者、冒险家、服务员、侦查员、警察、演员等
黏液质	安静稳重，善于自制，但是对周围事物冷淡，反应迟缓	较适合做有条不紊、刻板平静、耐受性较高的工作，而不太适应从事激烈多变的工作	外科医生、法官、管理人员、出纳员、播音员、会计、调解员等
抑郁质	情感体验深刻而稳定，观察敏锐，办事认真细致，但是过于多愁善感，行为孤僻	能够兢兢业业干工作，适合从事持久细致的工作，而不适合做需要反应灵敏、处事果断的工作	技术员、打字员、排版工、检查员、登录员、化验员、刺绣工、机要秘书、保管员等

二、大学生常见人格问题及调适

人格发展缺陷是介于健康人格与病态人格（人格障碍）之间的一种人格状态，表现为人格发展的不良倾向。在大学生中有相当一部分人存在着不同程度的人格发展缺陷，常见的有以自我为中心、自卑、害羞、多疑、怯懦、懒惰、狭隘、拖拉和虚荣心等。

（一）以自我为中心的心理及其调节

以自我为中心表现在有些同学自视甚高，觉得自己知识面广，他们只顾发表自己的高见，而不希望听别人的意见，只关心与他们自己有关的问题，而不管别人是否有兴趣。以自我为中心同时还表现在对他人期望过高。调查结果显示，有26.21%的同学要求自己的明友要100%地对自己好，如果朋友达不到这一要求，往往由最初的亲密无间到后来的各奔东西。以自我为中心的人往往不被大家所接受，由于缺乏同学、朋友之间的友谊与欢乐，交往需求得不到满足，内心必然苦闷、压抑，感受不到周围人的温暖，同时对周围的人厌烦戒备。

克服以自我为中心，可以从以下几个方面着手。

（1）克服以自我为中心的关键是换个立场看问题，学会换位思考。

（2）坦然接受批评和建议，容许有不同意见，改变自以为是、固执已见的心理。

（3）学会一些人际交往的技巧，如倾听。以自我为中心的人往往在倾听之前已经关闭了耳朵，只听得见自己的声音。真正会倾听的人不仅用耳朵在听，更是用眼睛、用心灵在听，不仅能听懂语言所包含的意思，也能听懂弦外之音。

总之，要克服以自我为中心的交往障碍，既要使自己融入集体，又要在集体中保持自己独立的个性。

（二）自卑心理及其调节

自卑心理是心理咨询中的常见问题，其实质是一种消极的自我评价或自我意识。一个自卑的人往往过低评价自己的形象、能力和品质，总拿自己的弱点和别人的长处比较，觉得自己事事不如人，在人前自惭形秽，从而丧失信心，悲观失望。具有强烈自卑感的人，一般自我封闭，内向，不愿意跟别人来往。自卑有多种表现方式，最明显的表现是退缩或过分争强好胜，这些都妨碍一个人积极而恰如其分地与他人交往，尤其是过分畏怯、退缩，不能独立而依赖性太强。

克服自卑应从认识上、情绪上、行为上同时入手，可以尝试用以下方法来改善。

（1）相信自己。这是一种信念，每天默念数遍。

（2）找出自卑根源，理性分析其合理性。

（3）欣赏自我。在纸上列出自己各个方面的优点和优势，并鼓励自己。

（4）调整理想自我。如果自我的理想目标定得太高，或根本不适合自己，就会在实践中不可避免地一次又一次失败，所以要定适合自己的目标，然后全力以赴地追求，同时在实践中适时进行调整，这样才能成功。

（5）建立乐观的生活态度。使自己的生活态度与自我形象相吻合，培养乐观积极的生活态度，是建立自信的基础。

（6）敢于面对错误和挫折。要勇于行动，不怕犯错，不怕暂时的失败。失败不可怕，可怕的是不总结经验。人不能因失败而失去行动的勇气，更不能认定自己低能而自暴自弃。

（7）经常使用自我鼓励或自我暗示，如“我能行，我一定能行”“再加把劲，我一定能干好”等。

（三）害羞心理及其调节

根据美国的一份调查，有八分之一的人在生活的某些方面过于害羞。害羞是普遍存在的心理现象，年轻人面对新环境中的交往活动，常常表现为害羞、胆怯、拘谨、不自然，但随着年龄的增长，交往的更加频繁，害羞心理逐步减弱与消失。一项抽样调查显示，承认自己因为害羞而不敢与人交往的占49.7%。这个问题，在异性交往中比较常见。过度害羞会使人在交往活动中过分约束自己的言行，无法充分表达自己的愿望和情感，也无法与人沟通，妨碍良好的人际关系的形成。

要摆脱害羞心理，可以从以下两个方面着手。

（1）必须丢掉包袱，也就是要抛弃一些顾虑，不怕说错话，不怕做错事。在行动前不要只想到失败，要走出自我否定的阴影。

（2）要树立自信，肯定自我，这样有助于在交往中发挥自己的特长，还要学会交往的技巧。多给自己创造些成功的经验。

（四）嫉妒心理及其调节

好嫉妒者把别人的优势视为对自己的威胁，因而感到恐惧和愤怒，怕别人的优势对比出自己的低下，但他并不是通过自己的努力去弥补已经存在的差距，而是借助贬低、诽谤、中伤等手段攻击对方，给对方拉后腿，以求心理上的满足，似乎这样就可以缩短自己与对方的差距。

要消除嫉妒心理，需要从以下几个方面着手。

（1）最重要的是要加强思想意识修养，树立正确的人生观。因为嫉妒心理受人的理想、信念等个性倾向性的制约，只有逐步树立起高尚的道德情操和献身于社会的崇高理想，自私自利、唯我独尊的个性缺陷才能克服。

（2）必须从狭隘的自我中解放出来。嫉妒的病根在于自私，如果我们能克服私心杂念，严于律己，宽以待人，见贤思齐，凭自己的奋斗迎头赶上，那么嫉妒心理就无法滋生。

（3）必须积极克服自己性格上的弱点。一般而言，虚荣心强、好出风头的人和心胸狭窄、敏感多疑的人容易产生嫉妒心理。可见，加强对自己性格的塑造，逐渐形成不图虚名、心胸开阔、坚毅自信的性格特征，对消除嫉妒心理至关重要。

（4）正确评价自己，增强竞争意识。承认自己某方面与别人的差距，欢迎竞争，积极参与竞争，努力实现自己潜在的价值。此外，与他人的竞争应该有所选择和侧重。有所选择是指要注意发挥个人拥有的优势方面；有所侧重是指在竞争中应该把主要精力放在对自己有较大意义的方面，避免分散精力，去做无谓的竞争。

（五）狭隘心理及其调节

凡是斤斤计较、耿耿于怀、好嫉妒、好挑剔、容不得人等，都是心胸狭隘的表现，即日常说的“气量小”。心胸狭隘往往影响人际关系，伤害他人感情，也常给自己带来烦闷、苦恼，影响自己的情绪和在他人心目中的形象，因此于人于己有百害而无一利。狭隘人格多见于内向者，尤其是女性。

克服狭隘，一要胸怀宽广坦荡，一切向前看；二要丰富自己，一个人的视野越开阔，就越不会陷入狭隘心理之中，这就是所谓的站得高，看得远；三要学会宽容，做到宽以待人。

三、大学生健康人格的塑造

在现实生活中，人们都希望自己能够保持健康的心态，形成健全的人格，然而并非所有人都能如此。由于主客观因素的影响，一些人在人格上会产生各种障碍。

（一）健全人格的标准

1. 人格各成分和谐发展，知、情、意基本一致

人格健全的人，他们的需要、动机、意志、情感、兴趣、爱好、能力、人生观、价值观等人格成分都应当向健康的方向发展。他们言行一致，能正确认识和评价自己的言行是否符合社会道德准则，并能根据外部世界的要求及时调整自己的行为。他们在情绪上反应适度，能经常保持愉快开朗的心境，并富有幽默感。他们具有调节和控制情绪的能力，能将消极情绪合理地排解、宣泄、转移和升华。

2. 能正确处理人际关系，保持良好的社会适应能力

人格健全的人乐于与他人交往。在与别人相处时，他们能够保持尊重、信任、谦逊、宽容的态度，很少产生嫉妒和怀疑。他们能够与社会保持良好的接触，以开放的态度关注社会的发展，使自己的思想和行为适应时代的发展和社会环境的变化。

3. 能有效发挥智慧和能力，努力获取事业的成功

人格健全的人在学习和工作中具有强烈的成就动机，能够充分发挥自己的积极性和创造性。他们对学习怀有浓厚的兴趣，对工作投入很大的热情，对自己所从事的事业十分热爱。他们观察敏锐，想象丰富，创造力强。他们的意志力和自信心很强，即使遇到困难和挫折也能努力克服。

综上所述，一个具有健全人格的人，在人格的结构上是协调平衡的。他能够体验并控制不良的情绪，与他人保持良好的关系，充分发挥自身的潜能，从而获取事业的成功。

（二）大学生健康人格的培养途径

1. 认识自我，优化人格整合

认识自我是改变自我的开始，为了有效地进行人格塑造，应该首先充分了解自己的人格状况，明确人格塑造的目标、内容、途径、方法。人格塑造也就是为了实现优化人格整合，以达到人格的健全。整合是要使人格的各个方面逐渐由最初的互不相关，发展到和谐一致状态的过程。优化的过程即选择某些优良的人格特征作为自己努力的目标，同时针对自己人格上的缺点、弱点予以纠正。

2. 努力学习科学文化知识

不少人格发展缺陷源于无知，无知容易使人自卑、粗鲁，丰富的知识则使人自信、坚强、理智。各学科的全面发展是人格健全发展的智力基础，因为各学科的知识同处于一个庞大的系统中，彼此之间既相互联系，又能在各自的发展中相互迁移、相互促进，可以说，有了智力基础，人格发展的速度与质量才有保证。

3. 积极参加实践活动，从小事做起

实践是人格发展的必由之路。无论知识的获取、能力的形成，还是意志的磨炼都离不开实践。诸如一个人的勤奋、坚韧、乐观、细致等人格特征都是长期实践锻炼的结果。一个人的一言一行往往是其人格的外化，反过来一个人日常言行的积淀成为习惯就是人格。例如个人有刷牙、梳头、洗手、勤换衣服、常剪指甲等习惯，就反映了他具有“清洁”这一人格特质。因此，优化人格整合要从眼前的小事做起，无数良好的小事可最终构建成优良的人格大厦。

4. 发展良好的人际关系，融入集体

人格发展、塑造的过程是个体实现社会化的过程，是个体与他人、集体、社会相互作用的过程。人格是在行为中表现的，健全的人格也只有在与人交往中才能体现出来。塑造健全人格，必须发展良好的人际关系：尊重社会习俗、关心他人的需要、真诚地赞美、多与他人沟通意见、保持自尊和独立等。集体是人格塑造的土壤，通过与集体交往，自己的某些人格品质或受到赞扬、鼓励，或受到压制、排斥，从而有助于做出有针对性的调整。

5. 锻炼身体，强健体魄

人格发展的过程是体质、心理因素与智力因素协同作用、相互促进的过程，健康的体质是人格健全发展的物质基础。一个体弱多病的人是难以发展健全人格的，拖拉、懒惰、急躁、怯懦等人格发展缺陷与不坚持体育锻炼明显有关。

【心理测试】

九型人格简易测试

九型人格的简易测试能帮助大家在短时间内初步判断自己属于九型人格中的哪一种类型。请在下面的句子中选择符合自己情况的描述并在前面括号里打√，不符合的空着。

测试题目如下：

9（　　）（1）我很容易迷惑。

1（　　）（2）我不想成为一个喜欢批评的人，但是很难做到。

5（　　）（3）我喜欢研究宇宙的道理、哲理。

7（　　）（4）我很注意自己是否年轻，因为那是我找乐子的本钱。

8（　　）（5）我喜欢独立自主，一切都靠自己。

2（　　）（6）当我有困难时，我会试着不让人知道。

4（　　）（7）被人误解对我而言是一件十分痛苦的事情。

2（　　）（8）给予会比接受给我更大的满足感。

6（　　）（9）我常常设想最糟的结果而使自己陷入苦恼中。

6（　　）（10）我常常试探或考验朋友、伴侣的忠诚。

8（　　）（11）我看不起那些不像我一样坚强的人。有时我会用种种方式羞辱他们。

9（　　）（12）身体上的舒适对我非常重要。

4（　　）（13）我能触碰生活中的悲伤和不幸。

1（　　）（14）别人不能完成他的分内事，会令我失望和愤怒。

9（　　）（15）我时常拖延问题，不去解决。

7（　　）（16）我喜欢戏剧性、多姿多彩的生活。

4（　　）（17）我认为自己非常不完善。

7（　　）（18）我对感官的需求特别强烈，喜欢美食、服装、身体的触觉刺激，并纵情享乐。

5（　　）（19）当别人请教我一些问题时，我会巨细无遗地分析得很清楚。

3（　　）（20）我习惯推销自己，从不觉得难为情。

7（　　）（21）有时我会放纵做出僭越的事。

2（　　）（22）帮助不到别人会让我觉得痛苦。

5（　　）（23）我不喜欢人家问我广泛、笼统的问题。

8（　　）（24）在某方面我有放纵的倾向（食物、药物等）。

9（　　）（25）我宁愿适应别人，包括我的伴侣，而不会反抗他们。

6（　　）（26）我最不喜欢的就是虚伪。

8（　　）（27）我知错能改，但由于执着好强，周围的人还是感觉到压力。

7（　　）（28）我常常觉得很多事情都很好玩，很有趣，人生真是快乐。

6（　　）（29）我有时很欣赏自己充满权威，有时却又优柔寡断，依赖别人。

2（　　）（30）我习惯付出多于接受。

6（　　）（31）面对威胁时，我就变得焦虑，并对抗迎面而来的危险。

5（　　）（32）我通常是等别人来接近我，而不是我去接近他们。

3（　　）（33）我喜欢当主角，希望得到大家的注意。

9（　　）（34）别人批评我，我也不会回应和辩解，因为我不想发生任何争执与冲突。

6 (　　)(35) 我有时期待别人的指导，有时却忽略别人的忠告径自去做我想做的事。
9 (　　)(36) 我经常忘记自己的需要。
6 (　　)(37) 在重大危机中，我通常能克服对自己的质疑和内心的焦虑。
3 (　　)(38) 我是一个天生的推销员，说服别人对我来是一件轻易的事。
9 (　　)(39) 我不相信一个我一直都无法了解的人。
8 (　　)(40) 我爱依赖习惯行事，不大喜欢改变。
9 (　　)(41) 我很在乎家人，在家中表现得忠诚和包容。
5 (　　)(42) 我被动而优柔寡断。
5 (　　)(43) 我很有包容力，彬彬有礼，但跟人的感情互动不深。
8 (　　)(44) 我在处理别人的情感需求时很沉默寡言，好像不会关心别人似的。
6 (　　)(45) 当沉浸在工作或我擅长的领域时，别人会觉得我冷酷无情。
6 (　　)(46) 我常常保持警觉。
5 (　　)(47) 我不喜欢要对人尽义务的感觉。
5 (　　)(48) 如果不能完美表态，我宁愿不说。
7 (　　)(49) 我的计划比我实际完成的还要多。
8 (　　)(50) 我野心勃勃，喜欢挑战和登上高峰的体验。
9 (　　)(51) 我倾向于独断专行并自己解决问题。
4 (　　)(52) 我很多时候感到被遗弃。
4 (　　)(53) 我常常表现得十分忧郁，充满痛苦而且内向。
4 (　　)(54) 初见陌生人时，我会表现得很冷漠、高傲。
1 (　　)(55) 我的面部表情严肃生硬。
4 (　　)(56) 我常对自己很挑剔，期望不断改善自己的缺点，以成为一个完美的人。
4 (　　)(57) 我感受特别深刻，并怀疑那些总是很快乐的人。
3 (　　)(58) 我做事有效率，也会找捷径，模仿力特别强。
1 (　　)(59) 我讲理，重实用。
4 (　　)(60) 我有很强的创造天分和想象力，喜欢将事情重新整合。
9 (　　)(61) 我不要求得到很多的注意力。
1 (　　)(62) 我喜欢每件事都井然有序，但别人会认为我过分执着。
4 (　　)(63) 我渴望拥有完美的心灵伴侣。
3 (　　)(64) 我常夸耀自己，对自己的能力十分有信心。
8 (　　)(65) 如果周遭的人行为太过分时，我准会让他们难堪。
3 (　　)(66) 我外向，精力充沛，喜欢不断追求成就，这使我的自我感觉良好。
6 (　　)(67) 我是一位忠实的朋友和伙伴。
2 (　　)(68) 我知道如何让别人喜欢我。
3 (　　)(69) 我很少看到别人的功劳和好处。
2 (　　)(70) 我很容易知道别人的功劳和好处。

3（　）（71）我嫉妒心强，喜欢跟别人比较。
1（　）（72）我对别人做的事总是不放心，批评一番后，自己会动手再做。
3（　）（73）别人会说我常常戴着面具做人。
6（　）（74）有时我会激怒对方，引来莫名其妙的吵架，其实我是想试探对方爱不爱我。
8（　）（75）我会极力保护我所爱的人。
3（　）（76）我常常刻意保持兴奋的情绪。
7（　）（77）我只喜欢与有趣的人为友，对一些很闷的人却懒得交往，即使他们看来很有深度。
2（　）（78）我常往外跑，四处帮助别人。
3（　）（79）有时我会讲求效率，而牺牲完美和原则。
1（　）（80）我似乎不太懂得幽默，没有弹性。
2（　）（81）我待人热情而有耐性。
5（　）（82）在人群中我时常感到害羞和不安。
8（　）（83）我喜欢效率，讨厌拖泥带水。
2（　）（84）帮助别人达到快乐和成功是我重要的成就。
2（　）（85）付出时，别人若欣然接纳，我便会有挫折感。
1（　）（86）我的肢体硬邦邦的，不习惯别人热情的付出。
5（　）（87）我对大部分社交集会不大有兴趣，除非那是我熟识和喜爱的人。
2（　）（88）很多时候我会有强烈的寂寞感。
2（　）（89）人们很乐意向我表白他们所遭遇的问题。
1（　）（90）我不但不会说甜言蜜语，并且别人会觉得我批评太多，要求很高。
7（　）（91）我常担心自由被剥夺，因此不爱做承诺。
3（　）（92）我喜欢告诉别人我所做的事和所知的一切。
9（　）（93）我很容易认同别人为我所做的事和所知的一切。
8（　）（94）我要求光明正大，为此不惜与人发生冲突。
8（　）（95）我很有正义感，有时会支持不利的一方。
1（　）（96）我注意小节而效率不高。
9（　）（97）我更容易感到沮丧和麻木而非愤怒。
5（　）（98）我不喜欢那些侵略性或过度情绪化的人。
4（　）（99）我非常情绪化，一天的喜怒哀乐多变。
5（　）（100）我不想别人知道我的感受和想法，除非我告诉他们。
1（　）（101）我喜欢刺激和紧张的关系，而不是稳定和依赖关系。
7（　）（102）我很少用心去体会别人的心情，只喜欢说俏皮话和笑话。
1（　）（103）我是循规蹈矩的人，秩序对我十分有意义。
4（　）（104）我很难找到一种我真正感到被爱的关系。
1（　）（105）假如我想要结束一段关系，我不是直接告诉对方，就是激怒他来让他离开我。

9（　　）（106）我温和平静，不自夸，不爱与人竞争。

9（　　）（107）我有时善良可爱，偶尔又粗野暴躁，很难琢磨。

你已经认真答完了所有题目，请按下面表4－3，数出每题括号前对应数字“√”的个数，数量多的就是你倾向的人格类型。需要注意的是，此结论仅供参考，更准确的判断还需要在深入了解这门学问和自我觉察比较后获得。

表4－3　人格类型及其特点

数字	打“√”个数	人格类型	人格特点
1		完美型	重原则，不易妥协，黑白分明，对自己和别人均要求高，追求完美
2		助人型	渴望与别人建立良好关系，以人为本，乐于迁就他人
3		成就型	好胜心强，以成就去衡量自己价值的高低，是一名工作狂
4		情绪型	情绪化，惧怕被人拒绝，觉得别人不明白自己，我行我素
5		理智型	喜欢思考分析，求知欲强，但缺乏行动，对物质生活要求不高
6		怀疑型	做事小心谨慎，不易相信别人，多疑虑，喜欢群体生活，尽心尽力工作
7		活跃型	乐观，喜新鲜感，爱赶潮流，不喜承受压力
8		领导型	追求权力，讲求实力，不靠他人，有正义感
9		和平型	须花长时间做决策，怕纷争，难于拒绝他人，祈求和谐相处

资料来源：https：//wenku. baidu. com/view/515d27d7ec3a87c24028c4a6. html，有删改。

【心灵影院】

《海上钢琴师》

一个被人遗弃在蒸汽船上的孤儿被船上一位好心的烧炉工收养，取名为1900。然而，烧炉工在一次意外中死亡，只有几岁大的1900再度成为孤儿。过人的天赋使他无师自通成了一名钢琴大师，但宿命也令他天生地对红尘俗世深怀戒意，他从不敢离船上岸去，只因纽约无际的高楼和川流不息的人群令他没有安全感。从此，1900展开了在海上弹奏钢琴的旅程，吸引了越来越多慕名而来的旅客，而麻烦也接踵而至。

1900敏感而犀利，这与他是一个早熟的孩子有关。这是一个没有太多童年的孩子，童年的他是没有同龄人陪伴的。从他懂事起，他享受到的就是成年人的待遇，因此他不会像其他的小孩子一样有一种来自本我的欲望。他可以很好地解读其他人的内心，他能从细节感受到全部，他善于推理和判断，但他内心单纯，并不鄙夷所看到的种种欲望。这种不鄙夷建立在他只注重自我的前提下。1900生活的环境与自身的经历造就了他的敏感、羞涩、消极、畏惧、不安。

【心灵书架】

《人格心理学导论》

作者：郭永玉。

出版社：武汉大学出版社。

内容简介：这本书以人格心理学的六大理论和三大主题为学科基本构架。六大理论包括特质理论、生物学理论、精神分析理论、行为主义理论、人本主义理论和认知理论，三大主题包括人格表现（Demonstration）、人格动力（Dynamics）和人格发展（Development），合起来就是理论加“3D”架构。三大主题不仅贯穿于六大理论中，而且体现在丰富的具体研究中。其中围绕具体人格变量展开的研究成果占这本书篇幅的2/3，反映了人格心理学领域的主要时代特征和发展趋势。

第五章　和谐人际关系

【学习目标】

1. 了解人际交往的含义、类型和意义。
2. 掌握大学生人际交往的特点及影响因素。
3. 运用所学知识增强人际交往能力。

【课前活动】

画出你的人际关系图

请根据与自己心理距离的远近，在不同的圆中（见图5－1）写上不同人的名字。其中圆心代表自己，越靠近圆心的人，越代表与你的心理距离近，是你生活中重视、在意、乐于交往的对象。思考人际关系图给自己生活带来的影响。

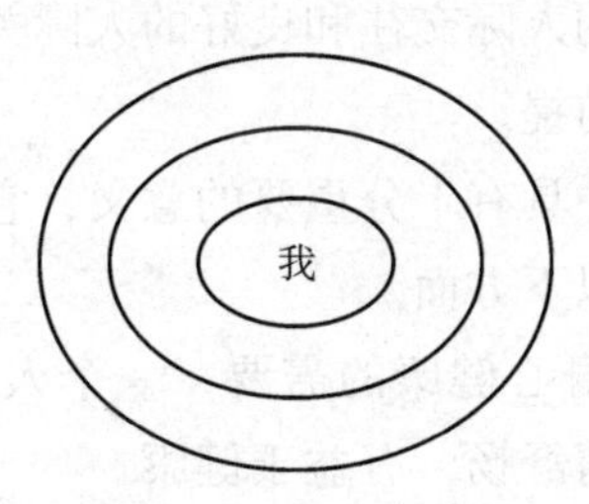

图5－1　人际关系图

【案例故事】

小军是某高职院校学生，个人能力很强，是班级干部。老师们都很喜欢他，但跟同学之间人际关系有些紧张，他组织的班级活动，同学们似乎都不愿意参加。在同学们眼里小军傲慢又清高。他成绩很好，可是有同学向他请教时，他给别人讲完之后，还要加上一句“拜托你以后好好听，这么简单的问题下次不要问我了”。他换了新款手机，室友很羡慕地借来看看，他就不屑地说“有那么稀奇嘛”弄得室友很尴尬。时间一长，同学们都不愿意与他交往，人际关系越来越差。小军为此也很闹心，感到孤独、寂寞，甚至有些焦虑，但不知如何改善现状。

一、大学生人际交往概述

社会中的人总是处于一定的社会关系中，一个人要在人类社会中生存和发展，就少不了要与周围的人打交道，与他人建立良好的或正常的人际关系。当人际关系和谐时，人的心情就平静、舒畅；当人际关系不和谐时，人就会感到紧张、焦虑或孤独、寂寞。由于每个人从小生活的环境不同，接受的家庭教育不同，因此待人接物的态度不同、个性特点也不同。大学生处于青春期，矜持、闭锁、羞怯、自尊和冲动，使他们在人际交往中自我体验格外深刻。成功的交往使他们振奋，形成成就感；失败的交往带给他们痛苦，产生自卑、恐惧等心理。对于离开家庭来到学校过集体生活的大学生来说，如何与周围的同学友好相处，建立和谐的人际关系，是他们面临的一个重要的生活课题。

（一）人际交往

人际交往也称人际关系，从动态讲，是指人与人之间在心理与行为上的互动，主要是人的心理、情感的交流和沟通。从静态讲，是指人与人之间通过动态的相互作用形成的情感联系。无论是动态抑或是静态，都超不出信息沟通与物质交换的范围。调查显示，大学生每天除了睡眠，其余时间中有70%左右用于人际交往；也有的人对成功人士进行分析，得出的结论为，85%的成功人士与良好的人际关系有关。因此，人际交往对大学生起着重要作用。

（二）大学生人际关系的重要意义

人的成长、发展、成功、幸福都与人际关系密切相关。没有人与人之间的关系，就没有生活基础。对任何人而言，正常的人际交往和良好的人际关系都是其心理正常发展、个性保持健康和生活具有幸福感的必要前提。

人际交往在人们的社会生活中具有十分重要的意义，它是人生中最大的社会财富。大学生人际关系对人生的意义表现在以下方面。

（1）良好的人际关系是人的身心健康的需要。一个人如果身处在相互关心爱护、关系密切融洽的人际关系中，就会心情舒畅，有益于健康。

（2）良好的人际关系是人生事业成功的需要。人际关系对人生业绩影响很大，是人们取得成功的重要条件之一。

（3）良好的人际关系有利于提升人的生活品位。良好的人际关系有利于营造和谐的生产、生活环境，满足人的精神需求，提高人的生活质量。

（4）良好的人际关系有助于大学生走向社会化。人际交往是个人社会化的必经之路。个人社会化，即个人学习社会知识、技能和文化，从而取得社会生活的资格。如果没有其他个体的合作，个人无法完成生活必需的知识技能，只有学会与人平等相处，才能自立于社会，取得社会认可，成为一个成熟的社会化的人。

（三）大学生人际关系的主要类型

人际关系错综复杂，从不同的角度可以进行不同的划分。大学生人际关系的主要内容有：同学关系、同乡关系、师生关系和网络人际交往关系。

1. 同学关系

同学关系是大学生人际关系的主要内容。大学校园的同学关系总的来说是和谐、友好的。同学关系有同宿舍、同班、同系、同校等同学关系。其中同宿舍的同学在日常生活、学习中容易形成一种如同亲属一般和谐稳固的同学关系。

2. 同乡关系

同乡关系是由大学生在入学前因具有共同的居住地而产生的人际关系。按照中国的传统习惯，出门在外非常注重老乡之间的交往，在大学生中间也毫不例外。新生一入学，校园里就有老乡广告、老乡通讯录等专项信息张贴在新生接待处，会有高年级的老乡自动组织迎接新老乡。老乡会或同乡会以“老乡”为感情维系，对内是一种比较亲密的人际关系，对外则具有封闭性和排他性。

3. 师生关系

师生关系有大学生与在校的老师、实习的带教老师之间的关系，这是大学生人际交往的主要关系之一。师生关系如何，直接影响到学生能不能健康地学习、成长，并在很大程度上决定学校能不能对学生的身心施加符合社会要求的影响。“尊师”是我国的优良美德，总的来说，学生能做到对老师的尊重，但当前多数大学生认为大学里的师生关系不如初、高中时密切，师生之间的交往不多。

4. 网络人际交往关系

网络人际交往是人们在网络空间进行的一种新型人际互动方式。网络人际交往具有虚拟性、隐蔽性、宣泄性、多元性和平面性的特征。网络人际交往给大学生的生活方式、价值观念带来了前所未有的挑战和改变。

二、人际关系中的主要心理效应

（一）首因效应

初到新环境，彼此素不相识的人第一次见面时留下的印象，叫“第一印象”。这个第一印象很重要，它不仅为首次交往定下基调，甚至在双方交往很长时间后仍然会起作用，影响着对彼此的印象。这种先入为主的现象就称为首因效应。例如：某人给你留下的第一印象是热情，即使日后看到他的冷淡，也会解释为偶尔为之。正面的、良好的第一印象，会促进交往，加深关系；负面的、不好的第一印象，则会阻碍交往。

（二）近因效应

与首因效应相对的是近因效应，即最近的印象的作用超过了一贯的认识，在评价中占据优势。这看似不可思议，生活中却常常发生。“士别三日，当刮目相看”就是近因效应的积极作用。近因效应产生于熟人之间，由于最近的一些信息，使过去形成的认识和印象发生了质的变化。一般而言，交往很少或在交往初期，首因效应作用显著；彼此相当熟悉之后，近因效应的影响就非常显著。另外，人们的内在价值也有影响作用，自己喜欢的特点出现在首因效应中，首因效应的作用就大；反之亦然。

（三）晕轮效应

具备某种好的品质的人往往被人认为样样都好，而具备某种不好的特点的人往往被认为样样都不好。这是因为人们在了解某人时，对他的某种特征和品质有清晰明显的印象，由于这个印象非常突出，从而掩盖了对这个人其他特征和品质的了解。这是一种以点概面、以偏概全的反应。或者说这种突出的特征或品质像一个光环一样，把人笼罩起来，使观察者无法注意到他的其他特征和品质。例如，爱屋及乌，看到歌星、影星在台上光彩照人的形象，就觉得他们在各个方面都非常优秀，以至于产生盲目崇拜。

（四）刻板效应

刻板效应也称定式，是指在人们头脑中存在着关于某一类事物或人物的比较固定、概括而笼统的看法。比如，认为老年人墨守成规，缺乏进取心；年轻人举止轻浮，办事不可靠；男性独立、理智、阳刚、有事业心；女性情绪化、敏感、温柔、有耐心；美国人民主，法国人浪漫等。这些固定的模式有利于人们在交往初期迅速了解某个人或某类人。

（五）投射效应

人们在交往中，总愿意把自己的某些特性归到交往对象身上，特别是在被了解对象和自己年龄、职业相同的时候更是如此。这种效应使人们在信息不足的情况下评价一个人时往往会比实际上的那个人更像他自己。“以小人之心度君子之腹”“饱汉子不知饿汉子饥”就是典型的投射。投射效应的实质是忽视个体差异，以为别人和自己愿望相同，喜好相同，结果造成许多误会。

（六）黑暗效应

有一位男子钟情于一位女子，但每次约会，他总觉得双方谈话不投机。有一天晚上，他约那位女子到一家光线比较暗的酒吧，结果这次谈话融洽投机。从此以后，这位男子将约会的地点都选择在光线比较暗的酒吧。几次约会之后，他俩终于决定结下百年之好。这件事情给人们的启示是：在光线比较暗的场所，人们更容易亲近。如果双方约会于光线比较暗的场所，彼此看不清对方的表情，就很容易减少戒备感而产生安全感。在这种情况下，彼此产生亲近的可能性就会远远高于光线比较亮的场所。心理学家将这种现象称为黑暗效应。

三、影响大学生人际交往的因素

大学校园里，学生来自五湖四海，他们有着不同的家庭、文化背景，有着多样化的兴趣、爱好，有着不同的交友方式，这些差异是大学生产生知识、志趣等多样互补、互相帮助、互相安慰的心理基础。可以说，大学校园是一个最好的社交微环境，为大学生人际交往能力的发展提供了很好的条件。但是，也有一些因素会影响到大学生人际交往实现的顺利程度，以及人际关系的好坏。

（一）认知偏差

在人际交往过程中，大学生对交往对象和交往关系的看法与态度将直接影响到这种互动关系的性质和发展趋向。首先是对自己的认知，对自己的自我评价与人际交往中的自我表现；其次是对他人的认知。交往的过程是双方彼此满足需要的过程，如果只考虑自己的满足而忽视对方的需要，造成人际关系不和谐。

（二）性格障碍

根据社会心理学家的研究，在阻碍人际吸引的人格因素中，性格特征是最突出的。影响大学生人际关系的不良性格特征主要有以下几个方面。

（1）固执、偏见。不愿意接受他人规劝，听不进他人意见，粗鲁、暴躁。

（2）待人不真诚。虚伪、浮夸，采取一切手段想获得好处，并以此作为与人交往的前提。

（3）孤僻、不合群。不愿与人交往，对人怀有偏见，态度冷漠。

（4）过分自卑。缺乏自信心，多疑，对他人的言行过于敏感。

（5）狂妄自大、自命不凡。好高骛远，自我期望值过高，同时又苛求别人。

（6）自私、斤斤计较。只关心自己的需要，不会为他人考虑。一点点小事都会怀恨在心。

（7）不尊重人。要面子，自尊心强，为了顾及自己的利益，不顾及他人颜面，言语上经常诋毁他人。

（三）缺乏交往技巧

人际交往能力的欠缺是影响人际交往的原因之一，而对有些大学生来说，则是主要原因。这些同学想关心他人，但不知从何做起；想赞美他人，可不知道怎么开口或词不达意；交友的愿望强烈，然而总感到没有机会；想调解他人的矛盾，没想到好心办了坏事；交往中想表现自己却出尽洋相；内心想表示温柔，言语则是硬邦邦的。这种人就是锻炼的机会太少，只要经常与人接触，就会掌握交往技巧。

四、建立和谐人际关系

从进入大学的那天起，就面临着许多新的人际关系：新的同学、新的室友、新的老师、新的朋友等。很多人对大学中的人际关系有过美好的想象，然而在新的环境中，人际关系的种种问题已成为困扰大学生的一个不容忽视的问题。很多大学生感叹：人与人之间怎么这么难处？其实人际交往有以下原则，只要掌握了原则，并加以实施，和谐人际关系便会产生。

（一）平等尊重

在人际交往中，必须讲求平等和尊重。每一个人，无论职务高低、知识多寡、贫富差距、身体强弱、年龄长幼、性别不同，在人格上都是平等的。要尊重别人的爱好、习惯、风俗，甚至别人的隐私，尊重彼此存在的外显或内在的心理距离，不要轻易地去突破它，破坏它，否则就容易造成对方的戒备、反感和疏远。

（二）真诚守信

真诚守信是人际交往中最有价值、最重要的原则，它是一张无形的“名片”，关乎一个人的形象和品质。“待人以诚而去其诈”，诚信是做人的基本素养，也是社会文明程度的标志。古人云：“以诚感人者，人亦诚而应。”只有言实意真，才能换来别人的以诚相待；相反，偷奸耍诈，不讲诚信者，就不会有和谐的人际交往。只有彼此抱着心诚意善的动机和态度，才能互相理解、接纳、信任，使交往关系稳固和谐地发展。

（三）宽容大度

宽容表现为对非原则性问题不斤斤计较，能够以德报怨。在人际交往中难免会遇到不愉快的事，如果我们一味地挑剔和指责对方，甚至得理不饶人，就会让人际关系变得非常紧张。我们应该换位思考，学会原谅别人，尤其作为新一代大学生，要心胸宽广，气量要大，切不可斤斤计较，固执己见，原谅别人是美德，宽容别人是高尚，原谅别人的同时，自己心中也会充满美好。

（四）换位思考

换位思考是从对方的角度和处境认知对方的观念，体会对方的情感，从而理解对方处理问题的方式。这有助于我们控制情绪，避免冲动行事破坏人际和谐。学会换位思考，特别是当我们的观点和态度与他人不一致的时候，能够站在对方的角度思考问题显得尤为重要。除此之外，我们也要懂得“己所不欲勿施于人”的道理。

（五）互惠互利

在人际交往中没有人愿意一味地付出，因此互惠原则是指交往双方在满足对方需要的同时，又得到对方的报答，双方交往关系因此能继续发展。如果一方只索取，不给予，交往就很难继续下去。一段关系的稳固发展，很大因素取决于这段关系能否满足双方的需要。

【课堂活动】

心理放大镜

请思考以下问题：

1. 你最喜欢什么样的人？他们能给你带来什么？

我喜欢__________________的人，这样的人__________________。

我喜欢__________________的人，这样的人__________________。

我喜欢__________________的人，这样的人__________________。

2. 你最讨厌什么样的人？他们有哪些特点？

我讨厌____________________的人，这样的人____________________。

我讨厌____________________的人，这样的人____________________。

我讨厌____________________的人，这样的人____________________。

思考和反思以上自己列出的“喜欢的人”和“讨厌的人”的特质，有什么发现吗？有没有发现其中某些特质自己身上也存在？今后可以怎样完善自己呢？

【心理测试】

一、人际关系测量

（一）从下面备选答案中任选一个

1. 在人际关系中，我的信条是（　　）。

A. 大多数人是友善的，可与之为友

B. 人群中有一半是狡诈的，一半是善良的，我选择善良者为友

C. 大多数人是狡诈、虚伪的，不可与之为友

2. 最近我新交了一批朋友，这是（　　）。

A. 因为我需要他们

B. 因为他们喜欢我

C. 因为我发现他们很有意思，令人感兴趣

3. 外出旅游时，我总是（　　）。

A. 很容易交上新朋友

B. 喜欢一个人独处

C. 想交朋友，但又感到很困难

4. 我已经约定要去看望一位朋友，但因为太累而失约了。在这种情况下，我感到（　　）。

A. 这是无所谓的，对方肯定会谅解我

B. 有些不安，但又总是自我安慰

C. 我很想了解对方是否对自己有不满的情绪

5. 我结交朋友的时间通常是（　　）。

A. 数年之久

B. 不一定，合得来的朋友能长久相处

C. 时间不长，经常更换

6. 一位朋友告诉我一件很有趣的个人私事，我是（　　）。

A. 尽量为其保密

B. 根本没有考虑过要继续扩大宣传此事

C. 当朋友刚一离去，随即与他人议论此事

7. 当我遇到困难时，我（　　）。

A. 通常是靠朋友解决的

B. 找自己可信赖的朋友商量此事
C. 不到万不得已绝不求人
8. 当朋友遇到困难时，我觉得（　　）。
A. 他们大多喜欢找我帮忙
B. 只有那些与我关系密切的朋友才来找我商量
C. 一般都不愿意来麻烦我
9. 我交朋友的一般途径是（　　）。
A. 经过熟人的介绍
B. 在各种社交场合
C. 须经过相当长的时间，并且还相当困难
10. 我认为选择朋友的最重要的品质是（　　）。
A. 具有能吸引我的才华
B. 可以信赖
C. 对方对我感兴趣
11. 我给人们的印象是（　　）。
A. 经常会引人发笑
B. 经常会启发人们去思考
C. 和我相处时人会感到舒服
12. 在晚会上，如果有人提议让我表演或唱歌时，我会（　　）。
A. 婉言谢绝
B. 欣然接受
C. 直截了当地拒绝
13. 对于朋友的优缺点，我喜欢（　　）。
A. 诚心诚意地当面赞扬他的优点
B. 会诚实地对他提出批评意见
C. 既不奉承也不批评
14. 我所结交的朋友（　　）。
A. 只能是那些与我的利益密切相关的人
B. 通常能和任何人相处
C. 有时愿与同自己相投的人和睦相处
15. 如果朋友们和我开玩笑（恶作剧），我总是（　　）。
A. 和大家一起笑
B. 很生气并有所表示
C. 有时高兴，有时生气，依自己当时的情绪和情况而定
16. 当别人依赖我的时候，我是这样想的：（　　）。
A. 我不在乎，但我自己却喜欢独立于朋友之中
B. 这很好，我喜欢别人依赖我
C. 要小心点，我愿意对一切事物的稳妥可靠持冷静、清醒的态度

（二）评分方法

1. 评分（见表5－1）

表5－1 评分表

题目	A分值	B分值	C分值	题目	A分值	B分值	C分值
1	3	2	1	9	2	3	1
2	1	2	3	10	3	2	1
3	3	2	1	11	2	1	3
4	1	3	2	12	2	3	1
5	3	2	1	13	3	1	2
6	2	3	1	14	1	3	2
7	1	2	3	15	3	1	2
8	3	2	1	16	2	3	1
总分：							

2. 评价

（1）38～48分，很融洽，受人喜欢。

（2）28～37分，不稳定，相当多的人不喜欢你，如果想受爱戴，需做很大努力。

（3）16～27分，不融洽，交往圈子小，有必要扩大你交往的范围。

二、交往水平的自我测试

（一）你善于交往吗？

在下面的20个问题中，你能迅速地判定你的反应吗？我们把反应的情况分成五个等级，请按照你的实际情况，分别回答：A、总是；B、经常；C、不确定；D、偶尔；E、从不。

1. 我能自如地用口语表达我的情感。
2. 我能自如地用非口语（眼神、手势、面部表情等）表达我的感情。
3. 我在表达自己的情感时，能选择准确恰当的词汇。
4. 别人能准确地理解我的口语和非口语所要表达的意思。
5. 我能很好地识别别人的情感。
6. 我能在一位封闭的朋友面前轻松自如地谈论自己的情况。
7. 我对他人寄予深厚的情感。
8. 别人对我寄予深厚的情感。
9. 我不会盲目地暴露看书的秘密。
10. 我能与和我观念不同的人交流感情。
11. 不同观念的人愿与我交流感情。
12. 别人乐于向我诉说不幸。
13. 我不轻易对别人做出评价。

14. 我明白自己在交往中的一些不好的习惯。
15. 当和别人讨论时，我善于倾听别人的意见而不强加于人。
16. 在和别人要发生争执时，我能克制自己。
17. 当我心烦意乱时，我通过工作和学习来排遣自己的心情。
18. 当别人带着问题找我时，我一般会告诉他该做什么。
19. 当我不同意一件事时，我会说明事件的后果。
20. 我乐于公开自己的新观念、新技术。

说明：回答 A、B、C、D、E 分别记 1、2、3、4、5 分。得分越低，说明你的交往能力越强；得分越高，说明交往能力越弱。如果你的总得分在 25 分以下，说明你的交往能力在众人之上。这些能力是相互影响的，但不一定都是一致的。一个人可能某些能力较强，某些能力较弱。通过自我测试后，你就可以有针对性地发扬自己的优点，克服自己的弱点。

（二）你属于哪一种交往类型？

以下是 4 对 8 种交往类型，请你在“是”“否”“不确定”的三种回答中，根据你的实际情况确定一种。

主动型——被动型

1. 在路上碰到熟人你主动打招呼吗？
2. 你常主动和外地亲友联系吗？
3. 在课堂、听众席上你主动发言吗？
4. 当你有困难时，你会毫不犹豫地请求别人帮助吗？
5. 在车船上你会主动和别人交谈吗？
6. 在人们各行其是的环境中生活，你感到不自在吗？
7. 你喜欢串门吗？
8. 有朋友拜访你，你非常热情和高兴吗？

领袖型——随从型

1. 你喜欢在大庭广众之下侃侃而谈吗？
2. 在集体中你常坚持己见吗？
3. 别人批评你时，你很难受吗？
4. 你喜欢考虑影响的宏观问题胜于考虑具体的微观问题吗？
5. 在别人的意见产生分歧时，你愿意当仲裁吗？
6. 你很同情弱者吗？
7. 当与你有关的人做错事时，你是否感到自己也有责任？
8. 在有几个人的情况下，你感到心里不安吗？

严谨型——随便型

1. 和老朋友渐渐疏远了，你感到心里不安吗？
2. 在旅途中你很少结交一些朋友吗？
3. 集体旅行中，有人替你垫付公共汽车票、门票钱，事后你一定如数归还吗？

4. 与人约会，因意外情况迟到了，你会解释再三吗？
5. 你很少与异性打交道吗？
6. 在集体活动中，你很少爽声大笑吗？
7. 你从无忘记自己诺言的情况吗？
8. 根据情况取消既定计划，你很不自在吗？

开放型——锁闭型

1. 在交往中你经常谈论自己吗？
2. 心中有事，你总是憋不住要找人倾吐吗？
3. 与志趣不同、性格相异的人交往，你感觉愉快吗？
4. 别人愿意找你交流不同的见解吗？
5. 在集体中你会发表没有成熟的意见吗？
6. 你喜欢不断结交新朋友吗？
7. 你喜欢不断接受新思想、新观念、新信息吗？
8. 经常有亲友拜访你吗？

说明：回答是、否、不确定分别记 3、1、2 分。每一组类型分别记分。

分析：如果你的得分在 16 分以上，那么说明你属于每一组的前一种交往类型；如果在 12 分以下，说明你属于每一组的后一种交往类型；如果在 12 ~ 16 分，说明你属于中间类型。需要指出的是，上述的各种类型没有绝对的优良之分。在社会交往中，不同类型各有所长，各具所短。在我们确认了自己的交往类型后，不妨注意多吸取与自己相反类型的长处，慢慢克服自己这种类型的短处。

【心灵影院】

《甜心先生》

1996 年至 1998 年，《甜心先生》共成为美国 16 项电影相关奖项的得主，还不包括另外 4 个奖项的提名。影片中杰里·马圭尔是一名体育经纪人，当他被一名客户的儿子质问时，突然良心发现，写下了 25 页的工作感言，呼吁同行们少赚点钱，多关心客户；关心自己、关心比赛；好好面对生活，体验它！因为这篇工作感言，杰里丢掉了工作和几乎所有客户；也因为这篇感言，杰里得到了单亲妈妈多萝西的倾慕，并愿意同他一道另起炉灶。没有保险，踢球用脑不用心，只会抱怨，一心想要挣大钱，却对自己私生活非常用心的黑人二流球员罗德成了杰里唯一的客户。杰里教罗德用心事业，罗德教杰里用心生活，两人磕磕绊绊，最终一同实现了梦想：杰里拥有了一位善良的妻子和一个可爱的儿子；罗德成为备受关注的能挣大钱的明星球员。虽然影片以爱情为主线，但其中也有很多关于人际关系的内容，比如：①做销售这一行最重要的是人际关系。销售不仅是销售东西，更重要的是销售你这个人，人们更喜欢和关心自己、真诚、有值得敬佩的品质的人合作。②除非你爱任何人，不然什么都卖不出去。起初杰里是不喜欢罗德的，他只是一个二流球员。他说“show me the money”，他和罗德有很多冲突，但最后他们成为朋友，彼此帮助对方，只有真心，才能换得真心。③如果心是空的，那脑袋就无所谓了。同样，影片中也说出了生活的阴暗面，杰里的同事在给他拍手欢呼时，却在讨论他会在一星期内被开除；全公司的人都说爱他，但他离开时，却连他的私人秘书都不愿和他一起离开；一流球员说一言九鼎，会和他签合同后，却最终抛弃了他；他事业陷入低谷时，他的女友离开了他，等等。但还好，虽有背叛，仍有忠诚，多萝西和罗德陪他一路走了过来并最终取得成功。

【心灵书架】

《最受欢迎的说话艺术》

作者：［美］戴尔·卡耐基著，余杰译。

出版社：中国纺织出版社。

内容简介：这本书围绕如何使自己成为一个受人欢迎的说话高手这一主题，将卡耐基作品中的相关内容囊括其中，使读者便于领略并掌握卡耐基倾心总结出的口才技巧，从而为自己的社交生活铺平道路。全书由九个部分组成，分别从赞美、批评、赢得赞同与合作以及当众说话的技巧等方面为读者提供了易于实践且行之有效的建议，旨在希望读者能早日成为受人欢迎的说话高手。

第六章　学习心理与网络心理

【学习目标】

1. 了解学习的含义和心理结构。
2. 了解大学生学习的心理特征及常见的心理问题。
3. 了解大学生主要网络心理问题及应对。
4. 掌握提升自主学习的能力，养成良好的学习习惯。

【课前讨论】

你喜欢你的专业吗？怎样才能把自己的兴趣和专业结合起来？你会怎样培养自己的专业兴趣呢？

【案例故事1】

小明上大学已经有半年了，每天的生活都过得逍遥自在。上课偷着玩手机，困了就睡觉，不喜欢的课就请病假躺在宿舍打游戏，老师布置的作业每次都应付了事。看上去生活惬意没有压力，但他却总是感到空虚，做什么都没有动力也提不起精神，心里很烦闷。看着有的同学为英语考级、各种资格证做准备，自己却不知道今后想干什么、能干什么、怎么准备，每天就这么浑浑噩噩地混日子，心情很压抑。

【案例故事2】

程程大学就要毕业了。她性格内向，不善言谈，来自农村。刚入大学时，她对自己充满了期望，一心想好好学习，多考些资格证，希望毕业找个好工作离开家乡，但是她发现实现这样的理想并不容易。大一时她为了减轻家里的经济负担，节假日利用休息时间去做小时工，自己的生活费解决了，但因为时间用得太多，学习上有些吃力，专业内的课程都忙不过来，更何况是其他了。于是到了大二的时候她不再出去工作了，只专心学习，而且给自己定的目标是一定要在毕业前把计算机证和英语四级证考下来。时间匆匆过，转眼已临近毕业，可是哪个证也没考下来不说，连应付专业课考试都很吃力。程程心里一直很郁闷，眼看就要毕业实习了，想着这两年自己的计划一个也没有完成，她感到自责、失望又无助。

读了以上两个案例故事，你是否有种似曾相识的感觉呢？学习作为大学生活中的一项重要内容，是众多学生关注的焦点。面对学习，一些学生又充满了困惑，他们常常会问：“找不到学习兴趣怎么办？”“不喜欢现在的专业怎么办？”“怎么学习才能有效率？”……要回答上面的问题，我们就要认真思考：在大学阶段我们学习到底为了什么？对于未来我们有怎样的期望？要达到这些目标，我们需要付出怎样的努力？

一、认识大学的学习

“学习”一词自古就有，《论语》中就有大量对学习的描述，那么，学习是什么？我们应该怎样理解学习一词？

（一）广义的学习

学习有广义和狭义之分，由于研究者的视角不同，心理学家对广义学习的理解以及对学习的定义也有所不同。鉴于学习对象的多样性与差异性，我们认为，广义的学习指因经验而引起的，以生理变化、心理变化适应环境的过程，可以通过行为或行为潜能的变化体现出来。这个定义包括学习的三点含义。

（1）学习是一种适应性活动。学习属于心理适应范畴，是一种以心理变化适应复杂环境的过程。

（2）学习可以表现为行为或行为潜能的变化。我们学习心理健康教育课，老师传授的情绪调节方法并非马上就有用，但在今后有情绪烦恼的时候，则会用老师教过的方法来自我调节。这些现象虽然在外显行为上并没有直接表现出学习的变化，但是行为发生的内在可能性已经具备，也就是说行为的潜能发生了变化。

（3）学习源于直接或间接的经验，具有稳定性。学习引起的行为变化相对可以保持较长时间。比如：即使多年不游泳了，但是只要在水中稍加练习，就又可以游泳了。

（二）狭义的学习

狭义的学习，也就是我们常说的学习，是指学生在学校里的学习，是学习的一种特殊形式，本章探讨更多的是狭义的学习。

（三）学习的心理结构

（1）学习兴趣。学习兴趣指一个人对学习的一种积极的认知倾向与情绪状态。学生对某一学科有兴趣，就会持续地专心致志地钻研它，从而提高学习效率，否则学生只是被动地接收。

（2）学习动机。学习动机是引起和维持个体的学习行为以满足学习需要的心理倾向，它是推动学生学习的内部动力，在学习过程中具有重要的作用。

（3）学习态度。学习态度是指学习者对待学习活动所表现出来的情感差异，分为积极态度与消极态度两种。学习态度往往决定着学习效果，学习态度是可以改变和培养的。

（4）学习计划。学习计划是指对自己将要完成的学习任务进行详细的计划与安排。学习计划可分为短期、中期和长期的学习计划。

（5）学习能力。在现实生活中，我们观察到有人学得很快，有人却学得既慢又辛苦，原因何在？这就是一个人的学习能力的体现，是一个人完成学习任务所表现出的个性心理特征，简单来讲就是在学习中获得信息、筛选信息、应用信息、创造信息的能力。

（6）学习策略。所谓学习策略，就是学习者为了提高学习的效果和效率，有目的、有意识地制定的有关学习过程的复杂方案。

（7）学习习惯。良好的学习习惯是在学习活动中不断总结形成的，包括自主学习的习惯、规划学习的习惯、知识运用的习惯、创新思维的习惯等。

（8）学习的自我评定。学习者学习中的“事倍功半”现象往往是由看不到自己所使用的学习方法的不足之处所导致的，因此，要想获得“事半功倍”的学习效果，学习者需要对自己的日常学习情况有意识地进行监控和评价，并及时做出学习方式方法的调整。

（四）大学生学习特点

（1）专业性。从报考大学的那一刻起，专业方向的选择就提到了考生面前，被大学录取后，专业方向就已经确定了。大学的学习实际上是一种高层次的专业学习，这种专业性，是随着社会对本专业要求的变化和发展而不断深入的，知识不断更新，知识面也越来越宽。基于这种特点，专业思想是否牢固以及专业兴趣的大小将直接影响大学生的学习成绩。

（2）自主性。大学教师在课堂上只讲难点、疑点、重点或者教师最有心得的一部分，其余部分就要由学生自己去攻读、理解、掌握。培养和提高自学能力，是大学生必须具备的本领。合理安排好自己的学习时间，对于大多数学生来说，从以往那种填鸭式的学习状态转到大学这种自主式的学习状态是比较具有挑战性的，所以大学生应该尽快适应大学的生活节奏，否则就容易引发学习不适应。

（3）实践性。近年来正在进行的高等教育改革一再强调知识技能的学习与实践能力的培养同样重要。在就业难的大环境下，那种只重视学生学习具有实用价值的知识，忽视学生创造能力培养的模式已经逐渐被摒弃，这使得大学生明白，在大学学习阶段，不仅要学好书本知识，还得培养理论应用实际的能力。

（4）探索性。大学学习摆脱了过去一成不变的学习内容，在专业领域上，专业知识具有高层性，但同时也具有争议性，很多知识在专业领域并没有一个统一标准，甚至有的是空白领域，这种现状就要求大学生具备探索精神去思考、创造，激发学习的积极性。

二、大学生常见的学习心理困扰

对于通过数十载的寒窗苦读而进入大学的莘莘学子而言，大学生活也是其一生中最为重要、宝贵和值得珍惜的一段经历。进入大学，该如何学习，以迎接未来的挑战，是值得深思的。由于大学和高中教学形式、学习形式以及方法、氛围等方面的明显差异，一部分大学生在“如何学习”这个最基本的问题上出现了一些困惑和问题。

（一）学习动机失度

学习动机是指直接推动学生进行学习的一种内部动力，是激励和指引学生进行学习的一种需要。学习动机失度是指学习动机未能保持在一定强度范围内，并对学习效果产生负面影响。学习动机失度主要表现为两种：一种是学习动力不足，另一种是学习动机过强。心理学家在大量实验的基础上得出结论：学习效率与学习动机之间，可以描绘成一条倒“U”曲线，即中等强度的学习动机最有利于学习。动机过强和动机缺乏都会影响学习效果，并会带来一系列心理问题。

（二）学习目标不明确

一个人没有目标，就像一艘轮船没有舵，只能随波逐流，无法掌握，最终只会搁浅在绝望、失败的海滩上。高中时我们的目标很明确，为了考上理想的大学，每天沉浸在知识的海洋里，为了实现目标而奋斗。进入大学后，很多学生一下子放松了，他们尽情享受着自由多彩的大学生活，没有了学习目标，也失去了学习的动力。等过了新鲜劲儿后，开始感到茫然，觉得大学生活不过如此，索然无味。这就是人们常说的后马拉松症候群，指经过高难度的挑战之后，因为没有新的目标，而处于一种怠惰无聊的状态。这种状态不仅影响学业，也影响大学生的心理健康。

（三）考试焦虑

从紧张、高强度的高中学习状态，一下子过渡到丰富多彩的大学生活，很多学生放松了自己。各种社团活动、社会实践忙得不亦乐乎，却忽略了学习，平日很少看书，考试临时抱佛脚，因担心考试不能通过而感到焦虑。

（四）学习方法不当

学习方法不够科学，学习效果不够理想，使自尊心、自信心受挫产生压力。面对大学众多的学习课程，大学生既要应付大量的基础课，又得学好专业课，一部分人的学习方法不能随着内容的变化而有所改进和创新，也不会理论联系实际，突出应用的价值，还在沿用高中时死记硬背的老办法，学习效果不够理想，直接影响到学习成绩，给心理带来压力。

（五）学习的习得性无助感

习得性无助感是指不断地受到挫折后，感到自己对一切都无能为力，丧失信心，陷入一种无助的心理状态。学习的习得性无助感是一种因学习受挫而形成的无能为力的心理体验，会使学生降低或丧失学习动机和自信心，怀疑自己的智力水平、学习能力，产生一种焦虑、厌倦、学习信心丧失的消极的情绪状态。

有的大学生学习基础薄弱，学习成绩不理想，对知识的感悟力不强，特别是高职学生，与本科院校学生相比，他们在学习过程中会遇到更多的学习困难，也更容易产生习得性无助感。

学习的习得性无助感表现在学习上存在畏难情绪，认为自己的学习成绩很差，对自己的学习成绩缺乏信心，在情感、认知和行为上表现出消极的状态。大多数学习上存在习得性无助感的学生都缺乏有效的学习方法，在学习中存在难以克服的困难，长期经历着学业失败的打击，他们往往把失败的原因归结为自己学习能力的缺乏。

【课堂活动】

第一步：在表 6－1 中列出在这一年里对你最重要的三个目标。

表 6－1　目标分析

最重要的目标	目标对自己的意义和重要性	实现目标的把握

第二步：在表 6－2 中列出你实现目标过程中的有利条件和不利条件以及你的对策。

表 6－2　目标对策

目标对策	目标 1	目标 2	目标 3
有利条件			
不利条件			
对策或措施			

三、学习方法与技巧

学习一定要有明确的目的。学习的成果要能够真正为自己所用，如果无的放矢，为学习而学习，那么学习的成果看上去再炫目也是没有价值的。

（一）设定合理的学习目标

学习目标解决的是“为什么学”的问题，是比学习动机离我们的实际行动更近的心理因素。学习动机的强弱在很大程度上与个人设定的学习目标有关。设定合理的学习目标，可以遵循以下几个原则。

（1）目标要具体。空泛的目标可操作性较差，因此我们在给自己设定目标的时候，一定要具体，例如每天背 10 个单词、复习一章节，等等，这种具体的目标更容易实现。

（2）目标要有可达性。每个人的学习能力都不同，要结合自身情况来设定自己可以完成的目标，如果难度较高，目标执行起来就会困难重重难以持之以恒。

（3）目标要有期限。期限可以使我们有紧迫感，能让我们按计划在有限的时间内完成目标任务。

（4）近期目标要与远期目标相结合。学习者不但要设定长期目标，同时也要有近期目标，这样对自己未来的收获和发展才有较为清晰的认识。

（二）寻找和利用学习资源，熟悉专业要求

学习资源解决的是“从哪里学”的问题。进入大学，首先要对本专业有一定的熟悉和了解。要仔细阅读学校有关专业的介绍，学习选课系统的使用方法，认真学习培养方案中有关本专业的公共课程、基础课程、专业课程、选修课程的设置情况，了解本专业培养目标、培养计划和获得学位证书、毕业证书的必要条件，从而对大学学习要求了然于胸。

学习需要有一定的资源来支持，这要求学生要充分地运用校内、校外的各种资源，例如，老师的讲课、教学参考书、图书馆和资料中心的藏书、学生社团组织的活动、丰富的讨论和讨论会等。

（三）掌握恰当的学习方法和策略

学习方法解决的是“怎样学”的问题。一般来说，大学的学习方法要包括这样几个环节：首先要做到主动预习。通过预习，发现课程重点和难点，了解课程的前后关系及内在联系，做到心中有数，掌握听课的主动权，从而事半功倍；其次要认真听课，努力提高听课质量，紧跟老师的思路，适时做好笔记；再次要善于提问，勤于思考，深入讨论，相互启发，学会课堂、课后与教师、同学的互动交流和广泛探讨；最后，要做到自觉复习，及时消化课堂繁重的教学内容，使所学知识成为自己知识链条中的一个有机组成部分。

（四）制订学习计划

计划是建立在目标基础上的，目标可以分为长期目标和短期目标，因此计划也可相应分为长期计划和短期计划。一般来讲，制订学习计划遵循以下原则。

1\. 循序渐进

我们制订学习计划的时候，往往先有一个长期计划，比方说一学期或一学年。然后我们会为实现这一长远计划而制订一些短期计划，短期计划的内容就需要翔实和具体了，具体到每月、每周和每天完成多少，以便使长期计划中的任务逐步得到解决。有长期计划，却没有短期计划，目标是很难达到的。长期计划用来明确学习方向，而短期计划则是具体的行动计划。

2\. 切合实际

根据自己的实际情况，制订切实可行的计划，不能太难使自己失去信心，也不能太容易没有一点儿挑战性。计划执行到一阶段，就应当总结一下效果，如果效果不好，应及时寻找原因，进行必要的调整。

3\. 劳逸结合

学习对脑力消耗非常大，所以不要长时间学习，要适当加入休息时间。学习和锻炼可以交替安排，因为锻炼时运动中枢兴奋，而其他区域的脑细胞就得到了休息。比如，学习了两三个小时，就去锻炼一会儿，再回来学习。

（五）管理时间是学问

时间管理不是要把所有事情做完，而是更有效地运用时间。

1. ABC 分类法

把自己的工作按轻重缓急分为 A（紧急、重要）、B（次要）、C（一般）三类，安排各项工作优先顺序，粗略估计各项工作时间和占用百分比，在工作中记载实际耗用时间；每日将计划时间与耗用时间对比，分析时间运用效率；重新调整自己的时间安排，更有效地工作。

2. 一周观点法

把时间从每天观点改为一周观点，这样时间变多，调配的弹性加大，可以同时兼顾急迫性和长期性。有些事无法每天做，但可以一星期做一次或两次，长期下来会累积出相当好的成果，不会有好几天没做就有借口不做的理由，尤其是重要的事情。

3. 集中处理法

把类似的事情或顺道可以完成的事情集中处理，把同类别的档案资料集中放在一起方便集中阅读或存取，可以省掉许多的时间。

【成长故事】

“一厘米先生”布勒卡

布勒卡是世界著名跳高运动员，他曾 35 次刷新撑竿跳世界纪录。他一次又一次地创造世界纪录，而且几乎每次都只是将成绩提高 1 厘米，因此他被称为“一厘米先生”。当他成功地越过 6.25 米时，他感慨地说，如果自己当初就把训练目标定为 6.25 米，没准会被这个目标吓倒，甚至连原来跳过的高度也跳不过去了。

小目标成就大事业，让我们也为自己设定一个学习的小目标，从今天开始努力学习吧！

四、大学生网络心理优化

（一）大学生主要存在的网络心理问题

1. 网络成瘾

大学生正处于学习求知阶段，对新鲜事物具有很强的好奇心。网络中，各种娱乐琳琅满目；网络游戏不仅形象逼真，而且充满了竞争与挑战；在网络中聊天可以扮演各种角色，满足各种需求。这使网络具有了强大的吸引力，也使大学生越来越离不开它。

有些大学生对网络十分着迷，只要一有时间就刷手机上网，有的连续五六个小时一动不动，有的干脆通宵达旦地上网聊天、畅玩网络游戏，就像吸毒上瘾一样无法控制自我，整日沉浸其中，彻底丧失了意志力，心理学将这种现象称为“网络成瘾症”。患了网络成瘾症的人，会表现出情绪低落、头昏眼花、双手颤抖、疲乏无力、食欲不振等症状。患者之所以会有这样的表现，是因为他们上网时间持续过长，使大脑神经中枢持续处于高度兴奋状态，肾上腺素水平异常增高，交感神经过度兴奋。长此以往，网络成瘾症极易诱发心血管疾病、胃肠神经官能症、紧张性头痛、焦虑、忧郁等多种病症。

2. 逃避现实

在网络虚拟世界，人们之间的交往是凭借想象力和虚拟身份来完成的。人与人之间素不相识，只凭计算机进行交流。一方面，网络打破了传统的时空观，把时间和距离缩短为零，实现了形式上的“天涯若比邻”；另一方面，网络中的人际交往是虚拟的，交往过程中双方可以不用为自己的态度和言行负责，长此以往会造成责任感和公德意识的缺失。例如，有的大学生在网络中肆无忌惮地展示自己内心的隐私和黑暗，以寻求宣泄和解脱；有的大学生在网络中“塑造”了一个虚拟的自我，从而满足自身的猎奇心理。沉溺于虚拟环境中的“人—机”交往，就会自然而然地忽略了现实生活中的社会交往和人际沟通，长此以往，他们会失去对周围环境的感知力，变得冷漠、疏远，并产生孤独感和挫折感。

长期沉溺于网络会使大学生的自我角色出现混乱。网络不同于现实世界，它是虚幻的、令人感到奇妙的。大学生如果长时间地沉溺于网络，会逐渐迷失现实生活中的“真实自我”，造成自我角色、自我定位的混乱。例如，在现实生活中，一个内向、不善言辞的人在网络上可能变得异常幽默风趣，一个胆小怕事的人可能在网上“叱咤风云”。

3. 网恋陷阱

网络中的情感关系是不真实的、脆弱的、不可靠的。那么，为什么又有那么多大学生对网络情感心驰神往呢？归纳起来，主要有以下四点原因：首先，网恋具有新鲜的魅力。人们总有一种猎奇心理，网恋毕竟是一种前所未有的新事物，又与浪漫的爱情相联系，正好可以满足人们这一心理需求。其次，网恋具有神秘的诱惑。网络就像一层厚厚的面纱，隔开了两个人，也遮住了两个人的真实面目。双方在网络中交往时，只能从对方的“言谈举止”中去猜测，即使有所了解也是“犹抱琵琶半遮面”，看不真切，因而吸引着人们一定要探个究竟。再次，网恋具有无限的机会。现实生活中选择对象的范围相对狭小，但因特网却可以将五湖四海的人们通过一根网线连接起来，使人们交友的范围扩大了不少。最后，网恋较少受到社会道德的牵制。现实生活中的恋爱免不了要受到各个方面的羁绊和情感道德的维系。而在网络中，恋爱双方“潇潇洒洒”“来去自由”，因为网上情人的联系方式极为简单，仅凭一个网号就可以驰骋爱河了。

4. 黄色毒害

大学生的性生理已经成熟，对异性的渴望与追求也开始变得十分强烈，但由于获取性知识的渠道不畅，相当多大学生的性知识十分匮乏。许多大学生出于好奇纷纷去寻找色情信息，以满足“窥淫”的猎奇心理。网络使大学生获取性知识有了更加便捷的途径，但与此同时，也使大量的不健康信息展现在他们面前。一些色情网站不仅有撩人煽情的站名，更有淫秽下流的内容，加上网络传播速度快、手段隐蔽、信息扩散范围广，对大学生身心健康产生的影响十分恶劣。有些大学生因为深陷黄色陷阱而无法自拔；有些大学生受网友诱惑，想体验一下“一夜情”新鲜刺激的感觉，于是随便被邀去发生性关系；有些大学生玩起了网络“性交易”游戏，通过向对方具体地描述性行为，荒诞地在网上产生了“性关系”；更有些大学生因为网络的诱惑彻底失去了自我的约束和道德的控制，最终走上了违法犯罪的道路。

（二）网络心理问题产生的原因

1. 虚拟性

网络的存在状态是无形的，网络里的知识、信息、声音、图像等内容实际上都是以数据的形式存在的，这一特点构成了网络的虚拟性，进入网络就等于进入了一个虚拟的世界。现实生活中的一切内容几乎可以搬到网上的虚拟世界当中，甚至是婚姻。这就产生了一个问题：现实中有些东西是适合虚拟的，虚拟后会带来更多的便捷，比如虚拟的图书馆、虚拟的网络商城；而有的东西虚拟之后只会给人们带来更多的困惑，比如网络家庭。人们如果纵容自己生活在虚拟的网络空间中，便会与现实脱节。毕竟真正的人生活在现实之中，是无法以“数据”的形式存在的。

2. 隐蔽性

网络的一个特点之一就是隐蔽性。通过网络，人们可以虚拟自己的一切，包括身份、成就、性格，这样做的直接后果就是没人知道网络之中的你是谁。在网络中，人只是一个头像、一个昵称、一个符号，没有身份、道德、角色的限制，不必有太多的担心和顾虑。这种“身份丧失”一方面可以使人把在现实生活中戴着的虚假面具摘下来，表达自己，宣泄不良情绪；另一方面也容易引发道德失范，令人失去理智与道德的束缚，暴露人性恶的一面。

3. 广容性

网络信息的广容性不仅指信息的数量不受限制，更指信息的内容良莠不齐。因为网络的隐蔽性，在网上发布的一些信息没有经过严格的监督和审查，这导致了虚假和不健康信息的发布和传播。这些不良信息对缺乏社会经验、判断力和抵抗力的大学生造成的影响是巨大的。

（三）网络心理问题的应对

1. 正用网络

网络是当代信息发展的产物，它对人们的学习和生活产生了重大影响。这些影响既包括积极的方面，也包括消极的方面。一方面，网络的出现使人们能够克服距离的障碍，跨越时空的限制，使人与人之间的沟通更加畅通。网络的发展使人们能够更直接、更便捷地获得大量且有效的信息；网络的虚拟性从一定程度上使人获得了平等和自尊，使人们的情感找到了寄托。但另一方面，网络的虚拟性、随意性和隐匿性，会造成现实生活中非道德现象的滋生和人与人之间的信任危机。虚拟化的交往最终会导致人们对社会现实感到悲观失落，造成道德情感的冷漠和个体责任感的缺失。不健康的网络信息对人的人生观、价值观产生强烈的冲击。网络中各种不同的文化形态、思想观念很容易使大学生陷入迷茫的境地，从而导致价值观的倾斜。另外，一些异化思潮会使大学生迷失自己，对自己未来的前途丧失信心。因此，大学生一定要正用网络。

2. 做真实的自我

过分依赖网络的大学生，往往在现实中比较自卑，缺少自我价值感和成就感。网络可以塑造一个虚拟的我，并通过这个虚拟的自我，获得日常生活中得不到的优越感、成就感和满足感。网络虽然给人以暂时的快乐，但现实中的问题并不会就此消失。因此，大学生要做真实的自我，并以积极的态度去面对现实中的困难，这才是解决现实问题的根本途径。

3. 掌控自我

大学阶段是人生最美好的阶段，是树立人生理想、提升自我价值、完善健全人格的重要时期。大学生的主要任务是学习知识，增强自身的综合素质。然而，很多大学生整天沉溺于网络，消沉失落，无法自拔。因此，为了自己的前途和命运，大学生应当树立掌控自我、摆脱网瘾的意识。要提醒自己，网络是一种资讯工具，是一种娱乐消遣的手段，它不应该成光阴的谋杀者。在每次上网时，大学生应该根据自己的情况制订一个计划，使上网具有一定的时间性和目的性。同学之间还可以相互约定好上网的时间和浏览的范围，相互监督。大学生应尽可能在现实生活中发展自己的兴趣与爱好，把自己的注意力从网络转移到现实生活中有意义的活动上来，只要善于发现，就一定能感受到现实生活的丰富精彩，并在多姿多彩的校园文化生活中找到自己的位置 。

【心理测试】

大学生学习投入问卷

下面的句子描述的是大学生对学习的看法及在学习中的一些行为与感受，能帮助你评定自己的学习投入状况。请你根据自己的实际情况，判断这些句子在多大程度上与你的情况相符合，每个题目有“完全不符合”“比较不符合”“中等程度”“比较符合”和“完全符合”五个选项，分别计为1～5分。

1. 课堂上，我认真听讲。
2. 学习带给我很多快乐。
3. 我的学习既有长远打算又有近期目标。
4. 在学习上，我经常受到别人的夸奖。
5. 我把大部分课余时间都花在了学习上。
6. 我能很好地组织自己的学习时间。
7. 我的成绩比较稳定，因此我感到自在与轻松。
8. 周末，我也会抓紧时间学习。
9. 我经常对自己是否遵守学习计划进行监督。
10. 课堂上，我积极思考。
11. 我经常以自己的学习目标对照检查一段时间内的学习进展情况。

12. 每天课后我专门安排一个时段学习。
13. 我觉得学习很有趣。
14. 作业或测验中出现的错误，我能认真分析原因加以解决。
15. 我学习时心情很宁静。
16. 我会拟订适宜的学习计划。
17. 我能安心学习。
18. 我经常到书店或图书馆挑选一些与学习相关的书。
19. 学习时，一旦发现自己分心，我就会立即将注意力转移到学习上来。
20. 我能轻松自如地应付学习。

评分标准：问卷共分为三个维度。一是认知投入，主要是从学习策略运用的角度进行考察，涉及大学生在学习活动中认知策略、元认知策略和资源管理策略的运用情况；二是情绪投入，主要涉及大学生在学习过程中的积极情绪体验，如自豪、高兴等；三是行为投入，主要考察大学生的课堂表现、课外参与学习及投身专业实践等方面的情况。

认知投入包含3、6、9、11、14、16、19题，情绪投入包含2、4、7、13、15、17、20题，行为投入包含1、5、8、10、12、18题。三个维度各题项得分分别相加即为该维度的得分，20个项目的总分即为学习投入总体情况。总分越高学习投入状况越好，若问卷总分低于60分，则学习投入状况需要引起注意。

注意：此问卷仅供学习投入自测参考，如有疑问，请咨询专业人员。

【心灵影院】

《三傻大闹宝莱坞》

《三傻大闹宝莱坞》，外文名“3 idiots”，是根据印度畅销书作家奇坦·巴哈特的处女作小说《五点人》改编而成的印度宝莱坞电影，2011年在中国上映。影片讲述了就读于印度著名学府帝国工业大学的三名大学生求学过程中经历的顺从、叛逆再到自我解放的故事，实质上探讨了印度当代大学教育成败的问题。影片影射的现实与当下中国教育现状十分相似，即便影片充满了异域色彩，但在某些内涵上，具有共通的理解基础。

【心灵书架】

《如何阅读一本书》

作者：［美］莫提默·J. 艾德勒、查尔斯·范多伦著，郝明义、朱衣译。

出版社：商务印书馆。

内容简介：阅读是一种享受，也是一门技术。《如何阅读一本书》是一本指导人们如何阅读的杰出作品，自1948年问世以来，在西方世界好评甚多，重版多次。本书从基础阅读、检视阅读、分析阅读、主题阅读四个层面逐级递进，阐述了进行不同层次的阅读与理解的方法策略，介绍了阅读实用型的书、想象文学、故事、戏剧与诗、历史书、科学与数学、哲学书、社会科学等不同读物的实用方法。阅读本书，可以增进对“阅读”本身的理解，对自己来说是一门很好的阅读导论课。

第七章 做情绪的主人

【学习目标】

1. 了解情绪的含义、表现及影响因素。
2. 了解大学生常见的情绪困扰。
3. 正确认识情绪，学会调适情绪，使自己拥有良好的情绪状态。

【课前讨论】

如果你最要好的朋友说了一些让你很生气的话，你会如何反应？是怼回去还是忍一下呢？谈谈你的想法？

【案例故事】

小威是一名大一新生，积极努力，不仅担任了班级的团支书，还进入了学生会外联部，每天忙得不亦乐乎。有一次他因为忙外联部的事儿忘记了上课时间，不仅迟到连书也没带。那节课迟到的学生有好几名，老师很生气，中午把迟到的学生都叫到办公室谈话，因为他是团支书所以还被当成了典型来批评。偏巧那天中午外联部也开会，会议主要内容是由他汇报近期工作的进展。等他被老师教育完匆忙赶到会议室时，一屋子同学已经等他半天了。外联部部长很生气，在会上严厉地批评了他。小威心里又委屈又生气，当面就跟部长顶撞起来，情绪激动，还说了很多气话，现场很尴尬，那天之后他跟部长的关系非常紧张。小威其实也很后悔，他也觉得不该当面让部长下不来台，可是当时他实在太生气太委屈了。这么辛苦地工作结果两边没落好，小威最近心情非常低落，无论对学习还是外联部的工作都提不起精神。

对于大学生来说，最大的波动来自情绪状态。情绪对一个人的心理成长和发展有着极大的影响，因此管理情绪，驾驭情绪，做情绪的主人，不仅是维护身心健康的需要，也是自我发展和人格成熟的条件。

常言道："人非草木，孰能无情？"其实人类不但有情，而且情绪体验丰富多彩，或欣喜若狂，或悲痛欲绝，或义愤填膺，或愁肠百结……不同的情绪体验对人的身心和行为会产生不同影响。积极的情绪体验可以提高人的工作效率，增进人的身心健康；反之，消极的情绪体验则会降低人的工作效率，影响人的身心健康和自我发展。那么，什么是情绪？我们如何做自己情绪的主人呢？本章就带大家一起走进情绪世界。

一、情绪概述

（一）情绪的含义与状态

情绪是人对客观事物是否符合或满足自己的需要而产生的一种态度体验。需要是情绪产生的基础和源泉。通常情况下，如果需要得到了满足，人们就会相应产生愉快、欢乐等积极情绪。相反，当人的需要得不到满足时，就会使人产生背向于这些事物的态度，从而产生烦恼、忧伤等消极情绪。

按照情绪发生的强度和持续时间的长短，可将人的情绪划分为心境、激情、应激等情绪状态。

心境是一种比较微弱而持久的情绪状态。这种情绪爆发的程度微弱，带有弥散性，当一个人处于某种心境时，会同时使周围的事物都染上同样的情绪色彩。积极的心境使人振奋乐观、朝气蓬勃，消极的心境使人颓丧悲观。高兴时觉得花欢草笑，青山点头；悲伤时觉得心灰意冷，悲观绝望。

激情是一种持续时间短，表现剧烈，失去自我控制力的情绪状态，其特点是短暂性、爆发性。积极激情能激发人积极向上；消极激情往往会导致认识活动的范畴缩小，理智分析能力受抑制，自我控制能力减弱，就会做出一些破坏性的事情。

应激是指一种出乎意料的紧迫情况所引起的急速而高度紧张的情绪状态。应激表现为积极和消极两种状态：积极状态时，头脑清醒，思维敏捷，动作准确，做出平时不能做出的动作，从而化险为夷，转危为安，及时摆脱困境；消极状态就是目瞪口呆，惊慌失措，语无伦次，使人出现不必要的动作。

（二）情绪表现

情绪既是一个复杂的心理现象，也是一个复杂的生理过程，情绪变化的同时会伴有生理变化和表情等外部行为的表现。

1. 情绪的主观体验

情绪的主观体验指人主观上感觉到的情绪状态。情绪有十分独特的主观体验色彩，如受伤害时感到痛苦，需要得到满足时感到愉快，面临危险时感到恐惧，遇到被侮辱时感到愤怒等。

2. 机体的变化

由于情绪刺激的作用，可以引起呼吸系统、循环系统、消化系统和外部腺体（汗腺、泪腺）与内分泌腺活动等一系列的变化，也可以引起代谢和肌肉组织的改变，因此，在人发生情绪时，内脏器官和内分泌腺体等都有一系列的生理变化。

3. 情绪表达

（1）面部表情。瑞典心理学家伯德斯德尔说，人脸可做出 25000 种不同表情。面部表情是情绪表现的主要形式，是指眼、眉、嘴等的变化。例如，悲哀时眼、嘴下垂；哭泣时眼部肌肉收缩；愤怒时眼、嘴张大，毛发竖起；盛怒时横眉张目；困窘、羞愧时面红耳赤等。在面部表情中，以眼最为传神，眉开眼笑、暗送秋波都是从眼睛里传出去的。

（2）体态表情。美国戈登修易斯指出，人体大约可做出1000种平稳的姿态。人体的各种不同姿态组合都会有不同的内容。如骄傲时挺胸阔步、趾高气扬，惧怕时手足无措，害羞时忸忸怩怩。一个人歪着头听你讲话，可能是欣赏的态度；左顾右盼是不诚心的态度，摇头晃脑是心不在焉或不耐烦的态度。每一个姿态都有内在的含义，都在表达情感。

（3）言语表情。情绪在语音、节奏、速度、声调等方面的表现称为言语表情。研究表明，言语表情所传达的情绪信息比言语本身更多。例如愤怒时声音高、尖且有颤抖；喜悦时声调、速度较快，语言高低差别较大；悲哀时声调低沉、言语速度缓慢、语言间断。

（三）影响情绪的主要因素

情绪产生的原因错综复杂，既有外部社会、学校、家庭诸方面因素的影响，亦有内部生物遗传及生理心理特点的影响。

1. 生理因素

由于情绪是一种涉及全身各个系统的整体激活的反应状态，因而它有着极其广泛的生理基础或物质基础。情绪过程与自主神经有联系，人在情绪状态下，其心率、血压、呼吸的快慢程度、胃肠蠕动的频率及强度、血糖的浓度、血管的收缩与舒张活动、瞳孔的大小、汗腺的分泌及皮肤电阻等，都会发生不同程度和不同方式的变化；情绪过程也与内分泌腺有联系，内分泌腺的活动还涉及糖、脂肪的代谢活动，为情绪活动提供了必要的能量。

2. 心理因素

知识经验、认知方式、情感成熟水平、意志品质和个性特点等心理因素都会对情绪变化发挥作用。例如，容易陷入情绪困惑中的人，其心理特点通常会表现出情绪特征方面：不稳定、好冲动、易暴易怒或者消沉、冷漠、郁郁寡欢；意志特征方面：固执、刻板、任性、胆怯、优柔寡断、缺乏自制力、遇到困难过分紧张不安、经受不住挫折、不易摆脱内心矛盾；自我意识特征方面：过分自尊或缺乏自信、自贱自卑；社交特征方面：孤僻、自我封闭、敏感、多疑、心胸狭窄、好嫉妒。

3. 环境因素

环境因素包括家庭、学校和社会三方面。家庭内的影响有家庭结构、家庭气氛、父母关系、父母情绪特征以及教养方式等。许多研究表明，家庭结构稳定、家庭气氛融洽和谐、父母情绪稳定、民主型的教养方式等均有利于青少年情绪心理的健康发展；而家庭压力过大，气氛紧张或淡漠，教养方式不当，过于溺爱、严厉或漠视，都可能使青少年适应不良，产生情绪困扰。学校环境包括教育方式、学习压力、人际关系、教师身心健康状况等因素。学校环境中人际关系的紧张，繁重的学习压力，单调的教育方法，以及教师的人格缺陷、不当的教育方式等都会引起大学生的情绪问题。社会环境包括社会文化背景、社会变革、社会的经济政治文化条件等。

二、大学生常见的情绪困扰

（一）焦虑

焦虑是指一种缺乏明显客观原因的内心不安或无根据的恐惧，预期即将面临不良处境的一种紧张情绪，表现为持续性精神紧张（紧张、担忧、不安全感）或发作性惊恐状态（运动性不安、小动作增多、坐卧不宁、激动哭泣），常伴有自主神经功能失调表现（口干、胸闷、心悸、出冷汗、双手震颤、厌食、便秘等）。常见的引起大学生焦虑的原因主要包括适应不良、学习困难、考试焦虑、对身体健康的过分关注等。

（二）抑郁

抑郁是常见的情绪问题，是一种感到无力应付外界压力而产生的消极情绪。情绪抑郁的大学生主要表现为：情绪低落、思维迟缓、郁郁寡欢、闷闷不乐、兴趣丧失、缺乏活力，干什么都打不起精神；不愿参加社交，故意回避熟人，对生活缺乏信心，体验不到生活的快乐；伴有食欲减退、失眠等。长期的抑郁会使人的身心受到严重损害，使大学生无法有效地学习和生活。性格内向孤僻、多疑多虑、不爱交际、生活中遭遇意外的挫折、长期努力得不到报偿的人更容易陷入抑郁状态。

（三）自卑

自卑是自我情绪体验的一种形式，是个体由于某种生理或心理上的缺陷或其他原因所产生的对自我认识的态度体验，表现为对自己的能力或品质评价过低，轻视自己或看不起自己，担心失去他人尊重的心理状态，同时可伴有一些特殊的情绪体验，诸如害羞、不安、内疚、忧郁、失望等。

（四）冷漠

情绪冷漠主要表现为：对学习漠然置之，听课昏昏欲睡，对成绩好坏满不在乎，对集体漠不关心，对同学冷漠无情，对环境无动于衷。

（五）易怒

心理学研究指出，人的愤怒按其程度可以分为 9 个梯级：①不满；②气愤；③愠；④怒；⑤愤怒；⑥激愤；⑦大怒；⑧暴怒；⑨狂怒。随着梯级的不断增加，发脾气的情绪会越来越大，而自制力则会越来越差，理智几乎丧失。发怒会使人丧失理智，阻塞思维，导致损物、伤人，甚至犯罪等许多失去理智的行为。大学生中一些违纪事件，大多是在发怒的情绪下发生的。

【课堂活动】

请思考最近让自己感到不舒服的情绪，并完成表 7－1，分组讨论一下。

表 7－1　情绪分析

我感到	
我为何会有这种情绪	
怎么有效处理情绪	

三、情绪的自我管理与调节

（一）信念的力量

美国心理学家埃利斯认为情绪是伴随人们的思维而产生的，情绪上或心理上的困扰是由不合理的信念、不合逻辑的思维所造成的。即人的情绪不是由某一诱发性事件的本身所引起的，而是由经历了这一事件的人对这一事件的解释和评价所引起的。这一理论可称为情绪 ABC 理论，如图 7－1 所示。

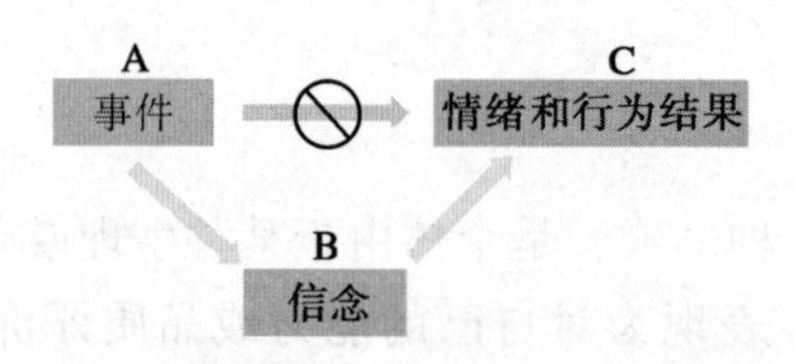

图 7－1　情绪 ABC 理论

例如一位学生因迎面遇见老师向其问好而老师没有反应产生了烦恼，认为老师对他有偏见故意不理会。如果他的信念是老师在想事情没有注意到周围的事物的话，那么他就不会把这件事放在心上。通常人们会认为诱发事件 A 直接导致了人的情绪和行为结果 C，发生了什么事就引起了什么情绪体验。然而，你有没有发现同样一件事，对不同的人，会引起不同的情绪体验？例如同样报考英语六级，两个人都没过，一个人无所谓，而另一个人却伤心欲绝。

不合理的信念常具有以下 3 个特征。

（1）绝对化的要求。这是指人们常常以自己的意愿为出发点，认为某事物必定发生或不会发生的想法。它常常表现为将“希望”“想要”等绝对化为“必须”“应该”或“一定要”等，例如，“我必须成功”“别人必须对我好”，等等。这种绝对化的要求之所以不合理，是因为人们总是利用已有的知识和经验对外在刺激作出解释，由于知觉的恒常性，许多现象司空见惯，习以为常后就成为一种“成见”，而每一客观事物都有其自身的发展规律，不可能以个人的意志为转移。对于某个人而言，他不可能在每一件事上都获得成功，他周围的人或事物的表现及发展也不会依照他的意愿来改变，因此，当某些事物的发展与其对事物的绝对化要求相悖时，他就会感到难以接受和适应，从而极易陷入情绪困扰之中。

（2）过分概括化。这是一种以偏概全的不合理思维方式的表现，它具体体现在人们对自己或他人的不合理评价上，典型特征是以某一件或某几件事来评价自身或他人的整体价值。例如，有些人遭受一些失败后，就会认为自己“一无是处、毫无价值”，这种片面的自我否定往往导致自卑自弃、自罪自责等不良情绪。而这种评价一旦指向他人，就会一味地指责别人，产生怨怼、敌意等消极情绪。我们应该认识到，“金无足赤，人无完人”，每个人都有犯错误的可能性。

（3）糟糕至极。

这种观念认为如果一件不好的事情发生，那将是非常可怕和糟糕的。例如，“我没考上大学，一切都完了。”“我没当上处长，不会有前途了。”这种想法是非理性的，因为对任何一件事情来说，都会有比之更坏的情况发生，所以没有一件事情可被定义为糟糕至极。但如果一个人坚持这种“糟糕”观时，那么当他遇到他所谓的百分之百糟糕的事时，他就会陷入不良的情绪体验之中，而一蹶不振。

因此，在日常生活和工作中，当遭遇各种失败和挫折，要想避免情绪失调，就应多检查一下自己的大脑，看是否存在一些“绝对化要求”“过分概括化”和“糟糕至极”等不合理想法，如有，就要有意识地用合理观念取而代之。

（二）情绪的自我调节方法

（1）了解情绪。情绪没有好坏之分，无论是什么情绪，只要是我们的真实感受，就应该重视和接受。识别自己的情绪，知道此时的感受，是对自己情绪负责以及调整情绪的第一步。

（2）了解情绪背后的原因。当我们识别出情绪后，就要探寻其产生的原因，只有找出引发情绪的原因，才有可能进一步管理自己的情绪，可以试着问自己：我为什么会生气？我为什么会难过？我为什么会感到无助？等等。

（3）合理宣泄。情绪宣泄是个体进行自我保护的一种方式，如果一个人产生了焦虑、愤怒等强烈的情绪体验，不及时地宣泄出来，积压在心底，长久下去就会对其身心健康造成极大的危害。合理宣泄主要包括：找人倾诉、大哭一场或呐喊、涂鸦、写日记、听音乐、适量适度的运动等。需要注意的是，应避免使用负性情绪宣泄方式，如喝酒、疯狂购物以及一些破坏性行为。

（4）改变不合理信念。我们对事件的看法使我们产生相应的感受，因此我们可运用上面讲到的情绪 ABC 理论来改变我们对事件的看法和一些明显带有负面结果的思维方式，例如“我是没有价值的”“他一定是瞧不起我的”，等等。如果你总是以这样的负面结果的思维方式思考，请试着发展更积极的思维方式，也可以寻求心理老师的帮助。

【课堂活动】

情绪你我他

目的：学会调节不良（消极）情绪。

形式：6~8 人一组。

时间：30 分钟。

道具：B5 纸、彩色小卡片、彩笔、录音机、歌带、空地。

程序：

（1）让同学们在纸上写出最近让自己烦恼的事情，以及自己对这种烦恼的认知，然后折成纸飞机。

（2）按顺序，每位成员都从众多纸飞机中拿出一只纸飞机，念出纸上所写的内容。

（3）大家针对上面不合理的认知进行讨论，以积极的思维方式提出解决意见。

（4）大家送上鼓励和祝福。

分享：

（1）当你写下不良情绪和对此的信念时，你有什么感觉？

（2）对大家提出的办法，你的看法是什么？

（3）当你收到祝福后，你的感受是什么？

【心理测试】

情绪稳定性测试——情绪稳定性自评量表

情绪是一个人身心健康的重要标志，有一个稳定的情绪状态就可以反映出一个人的身心健康状态。想知道自己的情绪是否稳定吗？请做一做下面的测试。

该测验共有 30 道题，每道题都有三种答案供选择，请根据自己的实际情况，选出与自己的实际情况相近的一种答案，对题目中与自己身份、生活不符合的情况，可以不做出选择。

1. 看到自己最近拍摄的照片，你有什么想法？

A. 完全不称心　　B. 觉得很好　　C. 觉得还可以

2. 你是否想到若干年后会有什么使自己极为不安的事？

A. 经常想到　　B. 从来没有想过　　C. 偶尔想到过

3. 你是否被朋友、同事、同学起过绰号或挖苦过？

A. 这是常有的事　　B. 从来没有　　C. 偶尔有过

4. 你上床以后是否会再次起来，看看门窗是否关好？

A. 经常如此　　B. 从不如此　　C. 偶尔如此

5. 你对与你关系最密切的人是否满意？

A. 不满意　　B. 非常满意　　C. 基本满意

6. 在半夜的时候，你是否会觉得有什么害怕的事？

A. 经常有　　B. 从来没有　　C. 偶尔有

7. 你是否会因梦见可怕的事而惊醒？

A. 经常　　B. 从来没有　　C. 极少有

8. 你是否曾经有过多次做同一个梦的情况？

A. 是　　B. 否　　C. 记不清

9. 是否有一种食物使你吃后呕吐？

A. 是　　B. 否　　C. 记不清

10. 除看见的世界之外，你心里是否有另外一个世界？

A. 是　　B. 否　　C. 偶尔是

11. 你是否心里时常觉得你不是现在的父母所生？

A. 是　　B. 否　　C. 偶尔是

12. 你是否曾感觉有一个人爱你或尊重你？

A. 说不清　　B. 否　　C. 是

13. 你是否常常觉得你的家人对你不好，但你又知道他们的确对你很好？

A. 是　　B. 否　　C. 偶尔是

14. 你是否觉得没有人十分了解你？

A. 是　　B. 否　　C. 说不清

15. 早晨起来的时候，你最常有的感觉是什么？

A. 忧郁　　B. 快乐　　C. 说不清楚

16. 每到秋天，你常有的感觉是什么？

A. 秋雨霏霏或枯叶遍地　　B. 秋高气爽或艳阳天　　C. 不清楚

17. 在高处的时候，你是否觉得站不稳？

A. 是　　B. 否　　C. 偶尔是

18. 你平时是否觉得自己很强健？

A. 是　　B. 否　　C. 不清楚

19. 你是否一回家就把房门关上？

A. 是　　B. 否　　C. 不清楚

20. 当你坐在房间里把房门关上时，是否觉得心里不安？

A. 是　　B. 否　　C. 偶尔是

21. 当需要你对一件事情作出决定时，你是否觉得很难？

A. 是　　B. 否　　C. 偶尔是

22. 你是否常常用抛硬币、玩纸牌、抽签之类的游戏来测凶吉？

A. 是　　B. 否　　C. 偶尔是

23. 你是否常常因为碰到东西而跌倒？

A. 是　　B. 否　　C. 偶尔是

24. 你是否需用一个多小时才能入睡，或醒的比你希望的早一个小时？

A. 经常这样　　B. 从不这样　　C. 偶尔这样

25. 你是否看到、听到或感觉到别人觉察不到的东西？

A. 经常这样　　B. 从不这样　　C. 偶尔这样

26. 你是否觉得自己有超越常人的能力？

A. 是　　B. 否　　C. 不清楚

27. 你是否曾经因有人跟着你走而觉得心里不安？

A. 是　　B. 否　　C. 不清楚

28. 你是否觉得有人在注意你的言行？

A. 是　　　B. 否　　　C. 不清楚

29. 当你一个人走夜路时，是否觉得前面潜藏着危险？

A. 是　　　B. 否　　　C. 偶尔

30. 你对别人自杀有什么想法？

A. 可以理解　　　B. 不可思议　　　C. 不清楚

计分标准：以上各题的答案，凡选 A 得 2 分，选 B 得 0 分，选 C 得 1 分，请你将每题得分相加，算出总分。

根据总分看看下面的结果解释，便可知道你的情绪稳定水平。

结果评析：

（1）0 ~20 分，情绪稳定、自信心很强；

（2）21 ~40 分，情绪基本稳定，但较为深沉、冷静；

（3）40 分以上，情绪极不稳定。日常烦恼较多。

【心灵影院】

《头脑特工队》

影片以动画的形式讲述人类大脑中情绪变化的原理过程，将人类最常见的五大情绪——高兴、悲伤、愤怒、厌恶、恐惧，分别对应化身为金黄色、幽蓝色、红色、绿色和紫色动画人物，分别掌握快乐、悲伤、愤怒、厌恶和恐惧。

影片讲述了莱莉的父亲因为工作原因举家搬迁到旧金山，莱莉只得和熟悉的中西部生活说再见。和所有人一样，莱莉也是被五种情绪共同支配的。这五种情绪（乐乐、忧忧、怒怒、怕怕和恶恶）居住在莱莉脑海里的控制中心，在那里他们可以通过适当调配来指导莱莉的日常生活。然而搬来旧金山，全新的环境与生活都需要莱莉适应，混乱渐渐在控制中心里滋生。虽然快乐是莱莉最主要也最重要的情绪，她尝试着解决纷争，但如何才能更好适应新城市、新家与新学校还是让情绪们产生了冲突。

影片将人的情感人物化，清晰地讲述了情绪、情感产生的过程，讲述了、记忆、幻想等常见的心理现象，对于理解压力、情绪、情感可以说是一部非常好的影片。

【心灵书架】

《幸福的情绪》

作者：［美］罗伯特·所罗门著，聂晶、杨壹茜、左祖晶译。

出版社：中国人民大学出版社。

内容简介：这本书的作者是国际情绪研究协会主席，是 30 年来极具影响力的情绪研究者，同时也是第一位探讨情感存在主义的哲学家和人本主义心理学家。

这是一本有关情绪与幸福的心理学经典。书中消除了我们对于情绪的一些误解，如情绪就是感觉、给情绪贴上积极或消极的标签、情绪是非理性的等。书中同时阐明了情绪是幸福生活的策略，真正的幸福来自完整的情绪，告诉我们如何用情绪的钥匙打开幸福的大门。

我们时刻经历的情绪到底告诉我们什么？作者为我们打开情绪之门，他告诉我们，情绪是通往幸福的道路。一个从不会生气的人与傻子毫无区别；恐惧提供给我们这个世界最根本的信息；焦虑是一种有智慧的存在；爱不是内心深处的感觉；创伤不是悲伤的全部，悲伤与爱密不可分；羞愧也是一种荣誉。

在本书中，你将被这些情绪的真相包围。你更会发现，真正的幸福来自完整的情绪。幸福的生活需要欢笑，也需要悲伤。

阅读本书对于理解情绪的产生、掌控情绪获得幸福感具有指导意义。

第八章　大学生恋爱心理与性心理

【学习目标】

1. 理解爱情的含义及相关理论。
2. 掌握恋爱中常见问题及调适方法。
3. 了解性心理相关知识。
4. 了解性心理问题及调适。

【课前讨论】

有人说：如果大学不谈一场轰轰烈烈的爱情就如同缺少了重要的一课；也有人说，大学恋爱多半都是苦涩的，而且不会开花结果。你觉得大学该不该谈恋爱？你对婚前性行为有怎样的看法？

【案例故事1】

失恋后他选择自杀

女友提出分手后，高校大一学生21岁的小柯（化名）独自在海边徘徊了好久，最终跳海自杀。这个消息在校园里传开后，许多同学不禁为小柯惋惜，“如果小柯有一个乐观的心态，也许悲剧不会发生”“如果小柯在心情郁闷时，找同学或者心理辅导老师聊聊，可能他将不会选择轻生”“如果小柯想想抚养他二十多年的父母从此将陷入悲痛的深渊，他也许不会这样轻率”……小柯的同学说，小柯平时很乐观，但其女朋友提出分手后，他的举止有些异常，经常单独待在宿舍，还时常流泪。小柯的父母得知此事后赶到学校，刚见到小柯，就哭昏了过去。

【案例故事2】

流产成了她永远的痛

小清是某高校大三的学生，大一的时候谈了恋爱，两人相处一直很愉快，只是男友一直想与小清有更进一步的发展，小清一方面觉得有些怕，另一方面觉得大学生不该在读书的时候就有性行为。可是男友为此闷闷不乐，觉得小清不是真心的，认为既然相爱就应该把最宝贵的给对方。终于在一次外出旅游时两人偷尝了禁果，并且意外怀孕。小清非常害怕，不敢告诉家长和老师，更不愿意让同学们知道，心理压力非常大，两人悄悄去医院做了人流手术。尽管在正规医院就医，可是小清还是能感觉到医院里大家都用异样的眼光看自己；而且手术后，自己常常梦到那个被扼杀的小孩，精神和情绪状态很差，也经常跟男友吵架。流产，成了她永远的痛，也成了她和男朋友之间过不去的坎。面对日渐冷淡的男友，小清有说不出的后悔和自责，对爱情和婚姻没了兴趣和憧憬。

随着社会的不断发展，大学生恋爱成了校园里一道熟悉的风景线。绚丽的爱情是美好浪漫的，让大学生怦然心动并为之神往。然而随之带来的恋爱问题也成了最困扰大学生的问题之一，由恋爱问题引发的心理困扰甚至人身伤害也时常在大学校园中发生。如何处理好恋爱的关系？怎样正确地与异性交往？如何追求自己幸福的爱情？本章将带你走进美丽湛蓝的也伴随着波涛海浪的爱情海洋，认识爱情真相，了解恋爱的魅力和爱的艺术。

【爱情解读】

一、爱情的含义及相关理论

爱情到底是什么？恩格斯在《路德维希·费尔巴哈和德国古典哲学的终结》中把爱情定义为：人们彼此间以相互倾慕为基础的关系。而爱情这个词在科学实验中的定义是：身体的一种化学反应与激素的刺激，有时是通过气味找到具有基因互补性的对象，由此产生生理反应后进而影响心理反应。总体来讲，所谓爱情，就是一对男女之间基于一定的社会关系和共同的生活理想，在各自内心形成的对对方最真挚的倾慕，并渴望对方成为自己终身伴侣的最强烈的感情；是两颗心灵相互向往、吸引，达到精神升华的产物；是人类特有的一种高尚的精神生活。

（一）爱情类型理论

加拿大社会学家约翰李采用分类学的观点提出了爱情类型理论，他认为青年男女的爱情关系主要有以下6种类型。

（1）浪漫式爱情。浪漫式爱情建立在理想化的外在美上，是罗曼蒂克、激情的爱情。其特点是一见钟情式，以貌取人、缺少心灵沟通、热烈而专一，靠激情维持。

（2）游戏式爱情。游戏式爱情视恋爱为一场让异性青睐的游戏，并不会将真实的情感投入，常更换对象，且重视的是过程而非结果，不承担爱的责任，寻求刺激与新鲜感。

（3）友谊式爱情。友谊式爱情是指如青梅竹马般的感情，是一种细水长流型、稳定的爱。这种爱情以友谊为基础，在长久了解的基础上滋长着，能够协调一致解决分歧，是宁静、融洽、温馨和共同成长的爱情。

（4）占有式爱情。占有式爱情对自己所爱的人具有极强的占有欲，使用热烈的方式向对方表达自己的爱情，并希望对方以同样热烈的方式加以回应。

（5）现实式爱情。现实式爱情则是会考虑对方的现实条件，以期让自己的酬赏增加且减少付出成本的爱情。这类爱情理性高于情感，带有受市场调节的现实主义态度。

（6）奉献式爱情。奉献式爱情甘愿为所爱之人付出一切，不计回报。这种类型的爱情是无怨无悔的，是纯洁高尚的。

（二）爱情依恋理论

依恋最初是指婴儿与父母之间形成的一种特殊的情感联结。心理学研究认为，成人爱情关系中的情感联结也可以视为一种依恋关系。儿童能够在与父母互动的基础之上形成相对固定的依恋关系，同样，成人在与伴侣互动的过程中也会形成不同风格的爱情依恋关系。爱情依恋关系包括以下 3 种类型。

（1）安全依恋。与伴侣的关系良好、稳定，能彼此信任、互相支持。绝大多数人的爱情属于安全依恋。

（2）逃避依恋。害怕并逃避与伴侣的亲密。法国电影《天使爱美丽》中的艾米丽就属于这种类型。

（3）焦虑/矛盾依恋。时常具有情绪不稳，极端反应的现象，善于嫉妒且希望跟伴侣的关系是互惠的。

心理学研究发现，三种不同爱情依恋风格在成人中所占的比例分别为：安全依恋约占 56%，逃避依恋约占 25%，而焦虑/矛盾依恋约占 19%。这种比例与婴儿依恋类型的调查比例相当接近，而且成人的爱情依附风格可以由他们幼年时期的依恋类型加以预测。因此，心理学家认为，成人的爱情依附风格可能是从婴幼儿时期发展起来的一种人际关系取向。

（三）爱情阶段（SVR）理论

心理学家默斯特因的 SVR 理论认为，爱情的发展过程可分为刺激（Stimulus）、价值（Value）、和角色（Role）三个阶段。刺激阶段通常指双方第一次的接触。在这个阶段中，爱情双方因外在条件而相互吸引，如被对方的外貌或身材所吸引等。价值阶段一般指双方第二次至第七次的接触。在这个阶段，价值观和信念的一致性是促使双方感情进一步发展的基础。角色阶段通常是指第八次及以后的接触。这个阶段的主要任务是个体扮演好对方所要求的角色，并承担起爱情中的责任和义务。

二、培养健康的恋爱心理

1. 树立正确的恋爱观

（1）提倡志同道合的爱情。在恋人的选择上切勿只注重外表，或被“光环效应”所影响，最重要的应该是志同道合，理想、道德、兴趣等大体一致，只有这样爱情才能够长久。

（2）摆正爱情与事业的关系。大学生应该把学业放在首位，摆正爱情与学业的关系，不能把宝贵的时间都用于谈情说爱而放松了学习，因为学业是大学生价值感的主要支柱。当把爱情视为生命的唯一时，爱情就是一株温室中的花朵，经不起任何打击。当爱情成为唯一的存在价值时，人就会失去人格的独立和魅力，也很容易失去被爱的理由。

（3）爱情是理解，信任，责任和奉献。理解对方是为个人和对方营造一种轻松和快乐的氛围，没有人追逐爱情只是为了被约束；相互信任是自信的表现，自己都不相信自己值得别人去爱的人，别人会全心全意爱他吗？责任和奉献则意味着个人的道德修养，它是获得崇高爱情的基础。

2. 发展健康的恋爱行为

（1）恋爱言谈要文雅，讲究语言美。交谈中要诚恳、坦率、自然，不要为了显示自己而装腔作势，矫揉造作；不能出言不逊，污言秽语，举止粗鲁；相互了解，不要无休止地盘问对方，使对方自尊心受损。否则只会使之厌恶，伤害感情。

（2）恋爱行为要大方。一般来说，男女双方初次恋爱，在开始时常感到羞涩与紧张，随着交往的增加会逐渐自然与大方。这个时期要注意行为举止的检点。有的人感情冲动，过早地做出亲昵动作，使对方反感，影响感情的正常发展。

（3）亲昵动作要高雅，避免粗俗化。高雅的亲昵动作发挥爱情的愉悦感和心理效应，而粗俗的亲昵动作往往引起情感分离的消极心理效果，有损于爱情的纯洁与尊严，有损于大学生的形象，同时对旁人也是一种不良的心理刺激。

（4）恋爱过程中要平等相待，相敬如宾。不要拿自身的优点去比较对方的不足，以此炫耀抬高自己，戏弄贬低对方，也不宜想方设法考验对方或摆架子，这些都可能挫伤对方的自尊心，影响双方的感情。

（5）善于控制感情，理智行事。恋爱中引起的性冲动，一方面要注意克制和调节，另一方面要注意转移和升华。参加各种文娱活动，与恋人多谈谈学习和工作，把恋爱行为限制在社会规范内，不致越轨，要使爱情沿着健康的道路发展。

3. 培养爱的能力与责任

（1）迎接爱的能力。这包括施爱的能力和接受爱的能力。一个人心中有了爱，在理智分析之后，要敢于表达、善于表达，这是一种爱的能力。一个没有爱心的人是个自私自利的人。一个人面对别人的施爱，能及时准确地对爱作出判断，并作出接受、谢绝或再观察的选择，这也是一种爱的能力。缺乏这种能力的人，或者匆忙行事，或者无从把握。大学生要具有迎接爱的能力，就应懂得爱是什么，有健康的恋爱价值观，知道自己喜欢什么，需要什么，适合什么，就应对自己对他人对万事保持敏感和热情，就应主动关心他人，热爱他人。当别人向你表达爱时，能及时准确地对爱的信息作出判断，坦然地作出选择，能承受求爱拒绝或拒绝求爱所引起的心理扰乱。

（2）拒绝爱的能力。自己不愿或不值得接受的爱应有勇气加以拒绝。拒绝爱要注意两个方面。一是在并不希望得到的爱情到来时，要果断勇敢地说“不”，因为爱情来不得半点勉强和将就。如果优柔寡断或屈服于对方的穷追不舍，发展下去对双方都是不利的。二是要掌握恰当的拒绝方式。虽然每个人都有拒绝爱的权力，但是珍重每一份真挚的感情是对他人的尊重，也是一种自重，同时是对一个人道德情操的检验。不顾情面，处理方法简单轻率，甚至恶语相加、到处言说，结果使对方的感情和自尊心受到伤害，这些做法是很不妥当的。

（3）发展爱的能力，培养爱的责任。苏联著名教育家马卡连柯说：“爱的力量只能在人类非性欲的爱情素养中存在。他的非性欲的爱情范围愈广，他的性爱也就愈为高尚。”发展爱的能力，并不是非得具体到对某一异性的爱，可以是更广泛意义上的爱。我们的亲人、同学、朋友、祖国和人民，都值得我们去热爱。发展爱的能力，就是要培养无私的品格和奉献精神，要培养善于处理矛盾的能力，有效地化解消除恋爱和家庭生活中的矛盾纠纷，为恋人负责，为社会负责，才能创造出幸福美满的婚恋。

4. 提高恋爱挫折承受能力

大学生的恋爱受多种因素的制约，因而在追求爱情的过程中遇到各种波折是在所难免的。单相思、爱情错觉、失恋等恋爱心理挫折对大学生的心理承受能力就是一种考验。如果承受能力较强，就能较好地应付挫折，否则就有可能造成不良后果。因此，提高恋爱挫折承受能力对大学生的心理健康是非常重要的。

当爱情受挫后，用理智来驾驭感情，通过增强理智感，分析原因，总结经验教训，寻找解决问题的方法和途径，在新的追求中确认和实现自己的价值，从而提高自己的心理承受能力和思想水平。通过适当的情绪调节、宣泄和转移，来减轻痛苦。人对失恋的应对方式反映了一个人心理成熟水平和恋爱观。一个人能够理智地从失恋中解脱出来，往往会使自己变得成熟起来。

三、大学生恋爱中常见的问题及调适

爱情是永恒的话题，是大学校园里的热门话题，也是校园里一道亮丽的风景线。正值青春期的大学生，没有了学业的重压，没有了父母的管束，没有了老师的叮咛，就如同打开了鸟笼的小鸟，在蔚蓝纯洁的天空中自由飞翔。随着性生理的成熟和性生理的发展，渴望爱情，想谈恋爱已成为大学生中较为普遍的心理状态。但是，由于大学这个特殊的社会环境，以及大学生自身的一些因素，许多人在承受学习压力的同时也承受着恋爱与性有关的各类问题的困扰。

（一）单相思及其调适

单相思是一种心理失去控制的情感表现，青春期男女在相遇时由于对对方容貌、才华、品德行为、经济社会条件等产生爱慕，于是自己有意单方面地点燃爱情之火，编织情网，把对方的举止看成是对自己有意求爱的信号。一方面表现在感情真挚、强烈、缠绵，挥不去，斩不断，即使满腔热情得不到一丝一毫的回报，仍不改初衷；另一方面表现在不肯或不敢正视现实，事情已经再明白不过了，根本没有相恋的可能，或者落花有意流水无情，仍抱有希望，不肯罢手。

严格地说，单相思并不是爱情，而是一种感情困扰。大学生如果不幸陷入了这种困扰当中，应想办法使自己尽早摆脱出来。

（1）大学生要冷静地分析自己心中的那份感情究竟是不是爱。如果是真正的爱，就应当勇敢地说出来，与其长时间患得患失，不如快刀斩乱麻，不管对方接受与否，早一点知道结果就可以早一点从爱的迷雾中走出来；如果不是爱，就可以明确地告诉自己“我不爱他(她)”，并从自己的理性认识中得到解脱。

（2）明辨现实与想象。大学生通过自己的想象来完成自己的爱情愿望，就会把自己心中的理想对象标准投射到现实人物身上，觉得他（她）就是完美的恋爱对象，从而陷入自己的假想之中无法自拔。所以，陷入单相思的人要尽量减少独处的时间，避免长时间地陷入对爱慕对象的想象，应多与外界接触，扩大人际交往面，在现实中体会“人无完人”的说法，从“完美恋人”的想象中走出来。

(3) 及时疏导负面情绪。单相思会带来严重的负面情绪，如果负面情绪持续时间过长，就会导致人们心情抑郁、低落，危害身心健康。单相思的人可以通过进行体育锻炼、去郊区游玩、参加集体活动等来转移注意力，疏导负面情绪。

（二）多角恋及其调适

多角恋是一个人同时和两个或两个以上的人建立恋爱关系，是一种反常的恋爱现象。现实中产生多角恋的形式主要有三种。第一种是双方已经确定了恋爱关系后，出现了第三者，原来双方中的一方在没有和对方断绝恋爱关系的情况下，又主动同第三者建立恋爱关系，看谁最适合“取”谁。第二种是双方确定恋爱关系后，出现了第三者插足，这第三者知进不知退，而原来双方中的一方又对第三者采取不明确的态度，致使产生三角关系。第三种是把个人的追求看得高于一切，认为自己愿意跟谁谈恋爱就跟谁谈，把这当作权利，这找一个那找一个，普遍撒网。

对于多角恋的调适，应从以下几个方面入手。

(1) 正确认识多角恋的危害。教育家陶行知先生曾说：“爱之酒，甜而苦。两人喝，是甘露；三人喝，酸如醋；随便喝，要中毒。”多角恋，无论哪种形式，也无论出于何种考虑，都是畸形的、不道德的，也是危险的。因为，恋爱不同于一般的交朋友，爱情具排他性，多角恋中的主角最终只能选择一个副角保持长期恋爱关系，那种鱼也所欲、熊掌也所欲的想法是根本不可能实现的，必然给其他副角带来痛苦，最终也给自己带来无法弥补的痛苦。多角恋中的主角需要耗费大量时间和精力，最终不仅贻害别人，也贻害自己，处理得不好，还容易引起纷争、不幸和灾难。

(2) 树立正确的恋爱观。恋爱是一件非常严肃的事，但有些人不以为然，特别是受西方文化的影响，对恋爱持一种轻率、随便的态度，认为爱情应该是多方位的。但在生活中爱情不是游戏，必将给当事者带来痛苦和伤害。

(3) 迅速作出选择。果断决断，确定进一步交往的对象，采取措施变成“一对一”恋爱关系。

（三）失恋及其调适

失恋是恋爱过程的中断，在客观上表现为相爱的双方分离，在主观上表现为失恋者体验到悲伤、忧郁、失望等消极情绪及心理痛苦和压力。恋爱的过程是两个人相互了解和选择的过程，当一方面提出中断恋爱关系时，另一方就会失恋。有恋爱就会有失恋。

大学生失恋后的表现与他们的个性特征、生活阅历以及对爱情的投入程度密切相关。有的大学生将自己封闭起来，与世隔绝，再也不相信爱情；有的大学生通过伤害自己来发泄心中的痛苦，甚至走上轻生的道路；还有的大学生实施攻击报复，揭露对方隐私，造谣中伤，甚至走上犯罪的道路。

其实，失恋是一种正常现象。恋爱双方爱情发展顺利可能走向婚姻，发展不顺利就可能走向分手。失恋不是不可接受的，正如人们不会觉得离婚是不可接受的一样。面对失恋大学生最重要的是要处理好它所带来的负面感受。

（1）要学会倾诉。大学生总觉得失恋是他人对自己的否定，是一件丢人的事，所以不愿意向身边的人诉说自己失恋后的痛苦，宁可独自流泪，黯然神伤。大学生应当明白，他人放弃你的原因是多重的，可能是因为误会或性格不合，也可能是家庭因素，所以失恋并不一定意味着他（她）对你的否定。就算是一种否定，也并不代表其他人都否定了你。大学生不要妄自菲薄，要心平气和地面对失恋的事实，及时向他人宣泄自己心中的痛苦，以得到他人的支持和鼓励。

（2）大学生要认识到失恋其实也是一种成长。俗话说得好："谁不是一边受伤一边长大。"遭遇爱情的挫折并不可怕，可怕的是不能从中吸取教训，总结经验。大学生应当了解什么人是适合自己的，在爱情中自己想要得到什么，应该如何去维护和发展爱情等。这些都是需要大学生在实践中慢慢体会的，失恋的经历正好为他们提供了一个很好的学习机会。

（3）大学生不要一味沉浸在对过去的回忆当中。这种回忆会掺杂着憧憬和想象，令自己欲罢不能，伤心欲绝。爱情是生命的重要组成部分，但不是全部，更不是唯一。爱情是美好的，但生活中美好的东西还有很多。上帝在关起一扇门的同时，一定会打开另一扇窗。大学生所需要做的，就是抬头向前望一望。

【课堂活动】

活动目的：通过异性对恋人的要求来审视自身的恋爱态度。

活动步骤：

1. 自由分成几个男生组和女生组，每组成员分别写出对下列问题的看法：

（1）我能给予恋人什么？

（2）我希望从恋人那里获得什么？

2. 各组分别对答案进行汇总，并依次宣读。

3. 每组选出一个代表谈谈对异性组所写内容的感受。

四、大学生性心理健康

谈到爱情，不能不谈到性。正如瓦西列夫所说："爱情是本能和思想，是疯狂和理性，是自发性和自觉性，是一时的激情和道德修养，是感受的充实和想象的奔放，是残忍和慈悲，是淡泊和欲望，是烦恼和欢乐，是痛苦和快感，是光明和黑暗，爱情把人的种种体验熔为一炉。"

性不是一种简单的生理活动，而是一种文化，一门科学。很多学者都提出，人们应从生理、心理和社会三个方面来全面地认识性，理解性。从生理的角度讲，性是人类最基本的生理特征之一，性的需要就如人需要呼吸、饮食一样，是一种自然本能，正所谓"食色，性也"。从心理的角度讲，性的概念涉及与性有关的一切心理现象，包括人的性态度、性取向、性偏好以及在性活动中体验到的情感等。从社会的角度讲，性是人类社会得以繁衍发展的基础。同时，性观念和性行为的发展也受到社会道德规范的约束，接受社会舆论和法律的监督。在不同的意识形态、道德规范下，人们会有不同的性观念和性行为。

（一）性心理健康标准

1974 年，世界卫生组织在一次关于性问题的研究会上，对性健康的概念作了如下论述：性是融合了有关性的生理面、情绪面、知识面及社会面，亦以此提升人格发展、人际沟通和爱。由此可见，性健康涉及性生理、性情感、知识和社会等各个方面，和由此而产生的积极的社会态度、人际交往和情爱的能力等。这个概念为我们认识性心理健康及标准提供了概括性的依据。

性心理健康是指个体具有正常的性欲望，能够正确认识性的有关问题，并且具有较强的性适应能力，能和异性进行恰当交往，在免受性问题困扰的同时还能增进自身人格的完善，促进自己身心的健康发展。

性心理健康的标准，根据性心理健康的内涵，应该符合以下几点。

（1）正确认识和接纳自己的性别。一个性心理健康的人能正视自己的性心理发育，性心理变化，能在所处的社会环境中正确评估自己，能客观地评价自己和他人，并乐于承担相应的性别角色。

（3）具有正常的欲望。性欲是能够获得性爱和性生活的前提条件。具有正常的性心理首先就得具有性欲望，如果没有性欲望就不会有和谐的性生活，就会影响性心理健康。性欲望的对象要指向成熟的异性个体，而不是其他物品等替代物。

（3）性心理和性行为符合年龄特征，即性生理和性心理发展要保持统一。

（4）正确地对待性变化。个体在生长和发育过程中，性心理因素、性生理因素和性社会因素是交互呈现的，个体在这其中要建立自我同一性才能保持三者的和谐状态。这就要求个体能够正确对待性生理成熟所带来的一系列身心变化，在出现性冲动后，能够正确释放、控制、调节性冲动，使之符合社会规范的要求等。

（5）对于性没有恐惧感。能够把性作为生活的一部分而科学对待，不存在对性的恐惧和怀疑。

（6）和异性保持和谐的人际关系。在交往过程中，保持独立而完整的人格，做到互相尊重，互相信任。

（7）选择正当、健康的性行为方式，符合社会伦理道德规范。

从性心理健康的标准可以看出，性心理健康也是生理、心理和社会适应的统一。所以，健康的性心理不仅表现为个体身心的健康，也表现为在健康性心理作用下的性行为的健康，从而构建整个社会的性心理健康。

（二）大学生性心理特点

1. 性心理的本能性和朦胧性

大学生特别是低年级大学生对性的认识不足，只是出于本能进行感知，其性心理缺乏深刻的社会内容。在本能的驱动下，大学生对异性感兴趣、有好感，并出现追求、示爱的行为。他们认为性具有很强的神秘感，往往怀着强大的好奇心来探求性知识。这种在生理驱动下的性探索还披着一层朦胧的面纱，只是性意识的觉醒和萌动。然而，就是在这样的生理基础上，在朦胧纷乱的心理变化中，性意识逐渐强烈和成熟起来。

2. 性心理的强烈性和表现上的文饰性

大学生正处于心理断乳期，心理闭锁是其显著特点。一方面，他们对异性和与性相关的事物具有极大的好奇心，渴望了解异性心理和性知识、性行为等。另一方面，他们却不愿他人知晓自己的内心想法，将自我紧紧封闭，这就导致了大学生性心理表现上的文饰性。例如，他们内心很重视异性，特别是所倾慕的异性对自己的评价，但表面上却做出无动于衷、不屑一顾或故意回避的样子；他们表面上好像讨厌那种亲昵的动作，但实际上却十分希望亲身体验。表现上的文饰性使得大学生内心真正的性心理无法展现，在人际交往特别是异性交往中不能坦然相对，由此产生的心理矛盾会引发大学生的种种心理冲突和苦恼。

3. 性心理动荡性和压抑性

大学生正处于青春期，性能量在这时达到顶峰，在性激素的激发下，会产生强烈的生理感应和心理体验。此时，强大的内心体验和大学生尚未成熟、稳固的性道德观与恋爱观形成了鲜明的对比，自控能力较弱，容易受到外界不良信息的影响。现在互联网上具有丰富多彩、五花八门的性信息，特别是西方的“性解放”“性自由”的思想，将个别大学生的性意识引向错误的方向而使其沉溺在谈情说爱和对性过多的关注与探索中，甚至走向性过失、性犯罪。

同时，在道德、法律的力量下，一部分大学生的性能量被社会规范和个人理智所约束与抑制，得不到合理的疏导、升华，这种性的生物性与社会性之间的冲突使许多大学生产生了性压抑，少数学生还可能以扭曲的方式、不良的甚至变态的行为表现出来，如厕所文学、课桌文化、窥视、恋物等。

（三）大学生常见的性心理问题及调适

有研究表明，性意识作为一种困扰，引起66.66%的男生和71.7%的女生出现不同程度的心理冲突，表现为焦虑、烦躁、厌恶及内心不安、恐惧、自责等。少部分困扰严重的同学出现失眠、注意力不集中、情绪抑郁、不愿与同学（尤其是异性）交往，并常陷入焦虑、矛盾、困惑和苦闷之中，从而影响其学习、生活等，甚至会干扰自身的正常发展。帮助大学生正确认识性、解答有关性的困惑、形成正确的性心理对大学生的心理健康十分重要。

1. 性别焦虑与调适

性别焦虑包括对与自己性别相关的形体特征的焦虑，对自己的心理行为是否与性别角色相吻合的忧虑，对自己性功能是否正常的焦虑。这种焦虑主要来源于青春期的大学生对自己第二性征的关注，并将自身的情况与相应的性别标准和社会期待形象进行对比。面对自身情况与自己理想的形象、社会期待的形象之间的差异，大学生要摆正自己的心态。

（1）可以通过科学的方法管理自己的形象。女性大学生几乎每个人都在做一件事——

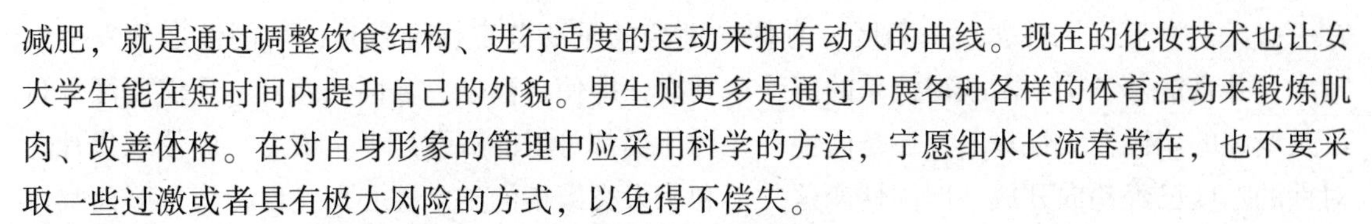

减肥，就是通过调整饮食结构、进行适度的运动来拥有动人的曲线。现在的化妆技术也让女大学生能在短时间内提升自己的外貌。男生则更多是通过开展各种各样的体育活动来锻炼肌肉、改善体格。在对自身形象的管理中应采用科学的方法，宁愿细水长流春常在，也不要采取一些过激或者具有极大风险的方式，以免得不偿失。

（2）对于一些无法改变或很难改变的事物，要摆正心态，树立健康的审美观，同时接受自身现实，不怨天尤人，注意扬长避短。

（3）如果自我理想的形象与他人、社会的期待有较大的出入，并且自己十分坚持自己的想法，就要做好承受巨大社会压力和失去一定择偶优势的准备。不论你处理性别焦虑的方式是怎样的，如果无法消除自身的性生理焦虑，就应及时寻求咨询和帮助。

2. 性需求困惑与调适

性快乐主义主要受到西方国家性革命之后性自由、性开放思想的影响，认为人们应该听从本性，尊重性需求，满足本能的需要，享受身体的快乐。这种思想夸大了性自由和性开放的内容，过于强调性需求的本能性，而忽视了人是社会的人，容易陷入为了性而性的误区，进而进行不道德、不文明的性行为。

对性需求有错误认知的大学生，可以从以下两个方面加以改正。

（1）需要学习性生理、性心理的有关知识，了解青春期性意识的发展规律，树立科学与健康的性观念。学习性知识的主要途径有：阅读有益、健康的性知识书籍，阅览性健康教育网站，积极参与学校性健康教育课程及活动，积极向他人或专业人士咨询，与他人交流。在学习过程中切忌大量浏览色情网页和书刊，这些内容的重点不在于传授性知识，而是要激发阅读者的性欲，严重的会麻痹人的精神，减弱人的自控能力，对性心理健康发展十分不利。

（2）对于不合理的性需求应采取疏导的方式加以控制。放任自身不合理的性需求会对自己的身心健康带来不利影响。自控能力较弱的人要回避性刺激，减少身体接触，过于频繁的身体接触可能会促使性行为的发生，而从性心理和性生理的角度来讲，大学生进行婚前性行为都是不适宜的。不看色情书籍和网站，不胡思乱想，减少性幻想；此外，还可以通过其他代偿活动来转移注意力，如多参加一些文体活动，做些自己喜欢的事，或通过学习、培养兴趣等方式充实自己。

3. 性心理异常及调适

（1）性取向异常。在正常情况下，性的对象应该是异性人，而性变态的对象并不是异性，如同性恋。同性恋表现多种多样：有的是单一性同性恋，即同一性别之间长期发生性行为；有的是精神性同性恋，即同性之间只有性爱的欲望，而没有具体的性行为；有的是两类同性恋同时并存的。性对象异常除了同性恋，还包括恋物癖和自恋癖。恋物癖即以异性衣物等（如胸罩、头巾、发夹、内衣、短裤等）作为满足性欲的对象，自恋癖即以自身为性爱对象。

对于怀疑自己是同性恋的大学生，首先需要做的并不是担心同性恋给自己造成的影响，而是分辨清楚自己是否是真的同性恋。社会上对同性恋的排斥和回避，导致很多大学生并不了解同性恋的本质，误以为与同性之间的依赖（如两个女生亲密无间，同吃同住，甚至睡在一张床上）就是同性恋。一条区分真假同性恋的重要鉴定标准就是，与同性之间发生性行为，并且能够从中不断获得快乐的感受。其次，即使自己是一名同性恋者，还需要区分自己是单纯的以同性为性对象，还是同性和异性伴侣都可以的双性恋者。最后，即使现代社会对性的态度已经趋向开放，但同性恋这一不利于人类繁衍的异常性心理、性行为依旧面临巨大的家庭压力、社会压力。部分人在这种压力之下采用欺瞒的方式进入婚姻，最终误人误己，不仅自己无法从婚姻中获得快乐，也让他人失去获得幸福的机会。

恋物癖通常开始于青春期，多见于男性，这种行为会引发患者不惜用非法手段去获取异性的物品，只要被发现往往会造成恶劣的影响。恋物癖是一种成瘾性心理异常，属于冲动控制障碍的一种类型，与道德水平和意志力无关。由于医学界还没有专门针对治疗恋物癖的特效药，目前国内一般采用单一的药物治疗或单纯的心理治疗，但这两种方法效果并不乐观。何日辉根据国内外研究和临床实践经验，提出恋物癖的最佳治疗方案是综合性治疗方法，即在临床上用药物控制异常的性冲动并改善情绪，作为治疗的基础，并在控制异常性冲动之后采取心理治疗、家庭治疗、行为矫正等方式，必要的时候还辅助以封闭式管理。

（2）方式异常。满足性需求的方式异常表现为采取许多奇特的、非正常的性行为方式满足自身性爱需求。例如，露阴癖，即在不认识的女性面前突然暴露阴茎，但无侵犯行为；摩擦癖，即在公共场合人多拥挤的情况下，用阴茎摩擦女性身体以射精；异装癖，即穿女性服装，戴胸罩，涂脂抹粉招摇过市；窥阴癖，即在浴室、厕所、窗口偷看女性赤裸的身体或性活动；施虐狂和受虐狂，即通过暴力行为得到满足。

性方式异常的人往往能够意识到自己的不正常，并且有些人多次下决心痛改前非，只是控制不住自己的行为。许多性心理异常者在学业上尚可，甚至有些人在各方面表现都不错。因此，性方式异常的治疗首先需要激发当事人的治疗意愿。可以通过向其讲明性方式异常行为对人格发展的影响、对未来前途造成的危险，使他们对行为的严重后果产生明确的了解，激发其求治的强烈愿望，并让其相信心理治疗的作用，树立治疗的信心。其次，在运用心理学理论进行治疗的基础上，也要结合周围环境的作用，对当事人采用教育、劝告、启发等方式，改善其心理状态、行为方式和由此产生的各种躯体症状。放松疗法和系统脱敏法是性方式异常常用的治疗方法。

性方式异常行为除了在性欲、性欲对象和性欲满足方式上与众不同，其他人格特征与正常人没有显著差别。造成性方式异常的原因是多方面的，如异性恋失败、心理社会因素、早期不良经验、淫秽色情物品的影响、早期性偏好等。因此，一方面，我们要理性对待社会中存在的不良信息和自身消极的经验，培养正确的性态度，做到以预防为主；另一方面，在产生异常性心理之后要正确认识其危害性，积极配合治疗，这样才能拥有一段正常的性爱关系，才能真正感受到性的美好。

4. 性病及其预防

传统观念的性病是指通过性交行为传染的疾病，主要病变发生在生殖器部位，包括梅毒、淋病、软下疳、性病性淋巴肉芽肿和腹股沟肉芽肿五种。1975 年世界卫生组织把性病的范围从过去的五种疾病扩展到各种通过性接触、类似性行为及间接接触传播的疾病，统称为性传播疾病。

性病是在世界范围内广泛流行的一组常见传染病，并呈现流行范围扩大、发病年龄降低、耐药菌株增多的趋势，尤其是艾滋病的大幅度增加，已成为严重的公共健康问题。性病的防治工作将是一个十分艰巨而长期的任务。

性病重在预防。对于个人而言，需要养成健康的个人卫生情况，保持良好的个人卫生；不吸毒，不与他人共用注射器，尽量不输血，尽量不注射血制品；正确使用质量可靠的避孕套，采取安全性行为；提高文化素养，洁身自好，防止不洁性行为；等等。当生殖器或身体有可疑症状时及时到正规医院就医，做到早发现、早治疗。在配偶患有性病的情况下，应及时到医院检查，治疗期间要避免性生活，需要时使用避孕套。社会和国家要加强性健康教育，使人们对性病和性行为有正确的认识，提倡洁身自爱。

【课堂实践】

爱是什么

实训目的：通过活动思考自己的爱情观，同时通过对爱的实质的讨论拓宽同学们的思路，更全面地领略爱的真谛，并能对自己的情感生活有所反思。

实训内容：全班同学分为6～8人的若干组，准备白纸和笔。

（1）请静静地思考一下“爱”是什么？并在白纸上写出5条你所认为的爱的实质，如：需要、关怀……（请更多关注那些直觉的、第一印象的内容，而非理性思考的内容和感受）。

（2）写完后每个同学在小组里向大家汇报自己的选择及感受。

讨论：

（1）你在活动中有何感受？

（2）对你而言，爱的实质是什么？它对你曾经或目前的恋爱有何影响？你的选择与你的爱情观相符合吗？

（3）其他人的爱情观对你有何影响？

（4）最后每个小组将排在前5位的爱的实质写到黑板上在全班进行分享，教师进行点评、总结。

【心理测试】

一、恋爱控制能力自我测试

现在该分手了吗？

人人都希望自己的爱情天长地久，但是有时候在本人尚未察觉之时，感情早已变质。如果最近你和他（她）好像有点疏远，那么到底该不该下定决心提出分手呢？或者应该再观察一段时间呢？这里准备两份套餐，不妨先核对他（她）最近对你的态度再下决心吧！

第一部分

回想两人最近的约会，选择符合或最接近的答案，并请画“○”。

1. 约定约会地点而意见相左时________

A. 他会顺从你的意见。(　　)
B. 你会顺从他的意见。(　　)
C. 到两人提议的地点以外的地方。(　　)
2. 谈话中断时，他的表情是________
A. 一副迷惘的样子。(　　)
B. 注意其他事物。(　　)
C. 似乎不太舒服，不高兴。(　　)
3. 和他的谈话内容、每次见面的话题________
A. 时常改变。(　　)
B. 大多是同样的内容。(　　)
C. 多是报告彼此不见面时各自在做什么。(　　)
4. 假设你不清楚他的行踪，而询问“你在做什么呀?”时，他会________
A. 笑着说：“你会在意吗?”(　　)
B. 借口说：“和朋友见面。”“工作啦!”(　　)
C. 说：“没什么。”(　　)
5. 万一他说的话惹你生气了，他________
A. 虽然会说：“干吗!”但是最后还是会道歉。(　　)
B. 爱理不理的，待自己平复心情后，才又和之前一样地自作聪明地交谈。(　　)
C. 在你向他道歉之前，不会开口。(　　)
6. 假如你告诉他：“要和朋友一起去旅行。”他________
A. 追根究底地询问。(　　)
B. 不是滋味地说：“真好呀，有那个北京男孩吗?”(　　)
C. 只说：“自己多小心!”不表示任何兴趣。(　　)
7. 假如你喝醉了，深夜突然打电话给他说“想见面”，他会________
A. 敷衍道：“改天吧!”(　　)
B. 指责道：“不要再这样任性了!”(　　)
C. 说：“想睡觉。”然后，便挂上电话。(　　)
8. 他最近发生了哪些不寻常的事呢? ________
A. 升学、就业或转业。(　　)
B. 开始新的兴趣。(　　)
C. 结交了新朋友，或者常和同性的朋友一起出游。(　　)
9. 和他的交往，与以前比较有些什么明显的转变? ________
A. 约会时兴趣小了。(　　)
B. 觉得不再对你温柔、体贴了。(　　)
C. 觉得打电话的次数减少了。(　　)
10. 如果你对他说“我真不懂你到底在想什么”，他的反应是________
A. 反问你：“为什么?”(　　)

B. 干脆地说："没有呀！"（　　）

C. 默默不语。（　　）

第二部分

阅读以下问题，认为符合或大致符合你最近的心情的，请画"○"。

1. 对他不满意的部分，可以视若无睹，不再指责、提醒。（　　）

2. 15 分钟以内可做好约会的准备。（　　）

3. 为他做菜或打扫房间时，他如果没有表示感谢的话，你会主动要求他说。（　　）

4. 上次约会之后，最近不再和他通电话。（　　）

5. 约会时所拍的照片，没有再翻看。（　　）

6. 最近，偶尔会忘记他所交代的事。（　　）

7. 除非朋友问起"他最近怎么样呀？"否则你几乎不会主动提起他。（　　）

8. 朋友邀约聚餐或聚会，你都会答应。（　　）

9. 初次见面的人问你"有没有男朋友？"时，你会暧昧地回答："嗯，就算有吧！"（　　）

10. 经常回忆起认识他之前的往事，不由得叹气。（　　）

11. 有时觉得一个人的日子反而舒服。（　　）

12. 最近，常解嘲地认为人生就是这样嘛！（　　）

13. 最近淋浴的时间缩短了。（　　）

14. 最近不知何故，食欲特别旺盛。（　　）

15. 实际上，你曾对他说过三次以上的谎话。（　　）

计分：第一部分中，A 为 2 分、B 为 1 分、C 为 0 分；第二部分每个"○"得 1 分，请计算出总分。

结果请参照表 8－1，判断自己为哪种类型。

表 8－1　评判标准

第二部分 / 第一部分	0～5 分	6～10 分	11～15 分
16～20 分	A 型	D 型	G 型
8～15 分	B 型	E 型	H 型
0～7 分	C 型	F 型	I 型

A 型：两人之间只是单纯的倦怠感，没有必要分手。

你们彼此都还是充满爱情。因此，分手的预感不过是庸人自扰罢了。这可能是彼此关系太过于单调而导致的吧！如果现在就鲁莽地分手，最后一定会后悔。你应该重新检视彼此，努力拉近彼此的距离，千万不可随随便便地谈分手。

B 型：注意自己的行为，暂时静观其变。

对方可能考虑要分手了。最近，你对他的态度是否过于随便？是否在他的面前言行不够谨慎呢？如果这样下去的话，他可能会主动提出分手。你最好先注意自己的言行，再伺机以待吧！

C 型：必须努力让他再回来。

他似乎对你很冷漠，但是你仍旧深爱着他。因此，请你努力让他再回头。绝对不要认为，如果他不爱我，那就算了吧！千万不要轻易放弃。否则，分手的时候，你对他还是会非常依恋的，也因此很难进入下一次恋爱。

D 型：太过唠叨不休的话，分手的预感可能成真。

他并没有特别想过分手的事，但是你却一直认为分手的时候快到了。这种想法来自自认为受他宠爱，自信不会被他甩掉。建议你最好不要分手。请小心自己任性的行为和想法。

E 型：分不分手，只是一线之隔的状态。

你们两人似乎都认为应干脆地分手，但是，如果有一方舍不得分手的话，也许还能拥有像往常一样快乐的时光。那么，该怎么办才好呢？如果你已有了心仪的对象，也许还可以先和他分手，否则，何不再继续和他交往？

F 型：再次确认自己的心情，若还是不行的话，那就只好分手。

看样子，他好像早就有意和你分手了。但是，因为你这么爱着他，使得他说不出分手的话语。现在，表面上你们还在交往，实际上却是你一厢情愿。唉，该怎么办呢？要不要下定决心让他走呢？否则的话，就假装不懂他的心情，继续和他玩一场爱情家家酒，这也是一种方法。

G 型：该下定决心恢复一个人的生活了。

你们两人可以开口提出分手了，为什么不表示出来呢？难道你不愿意主动提出分手吗？或者是因为你还爱着他呢？但是，和不喜欢的人一起生活，只会带来痛苦。总之，你们迟早会分手。所以，请赶快做好一个人过日子的心理准备吧！

H 型：分手的时刻来临，赶快下定决心吧。

你们现在正处于一触即发的状态。如果你想再稍微拖延一下时间的话，那么应该听从他的安排。请利用这段时间做好面对即将来临的可悲现实的准备吧！唉！也许分手后，你对他还会有一些依恋。如果你不愿面对如此结果的话，那么就先甩掉对方吧！既然是由自己主动提议的，那么应该更加释怀了吧！

I 型：再这样下去，只能是浪费时间，不如干脆分手吧。

现在已到了分手的时刻。彼此的爱情已降至冰点了。再这样下去，坦白地说也只能是浪费时间。

二、恋爱观的自我测试

你的恋爱观正确吗？

每个人都希望自己能找到理想的爱人，建立美满的小家庭，那么你有没有想过你的恋爱观是否正确？若想了解你的恋爱观如何，不妨将下面的题目做一下，选择认为最符合你自己心理状态的答案。

1. 你对爱情的幻想是（　　）。

A. 满足自己人生最神秘欲望的需要

B. 令人心花怒放，充满无限欢乐和诗意
C. 实现自己远大理想的阶梯，使人振奋向上
D. 没想过
2. 你希望你的恋爱开始是（　　）。
A. 偶然一次巧遇结下了一段微妙的姻缘，彼此追求
B. 从小青梅竹马，一往情深，最终发展为爱情
C. 在共同工作和学习中产生了爱情
D. 无法回答
3. 你认为爱情是（　　）。
A. 男女之间一种最纯洁的感情
B. 异性间互相爱慕，渴望对方成为自己伴侣的感情
C. 男女间的性爱
D. 不清楚
4. 你希望你的恋人（　　）。
A. 有漂亮的容貌，健美的身体，待人接物举止优雅
B. 长相一般，关心体贴自己，为人憨厚老实
C. 待人和蔼可亲，还算漂亮，但必须有权有势
D. 无法答复
5. 你喜欢你爱人三美之中哪一点（　　）。
A. 心灵美
B. 容貌美
C. 姿势仪态发式美
D. 拒绝回答
6. 你想象中的小家庭，业余时间是这样度过的（　　）。
A. 各人干各人喜欢的事，互不干涉
B. 自己对某事虽没兴趣，但仍愿意陪对方消磨时间
C. 能有共同事业，互相商议、追求
D. 不想回答
7. 你对爱情的字面解释是（　　）。
A. 认为有爱并不一定有情，而有情必定有爱
B. 爱情两字是不能拆开的，本身是男女之间的感情
C. 情爱性爱，是男女间友谊的高级形式
D. 没想过
8. 你喜欢的爱情格言是（　　）。
A. 痛苦中最高尚、最纯洁的和最个人的乃是爱情的痛苦
B. 生命诚可贵，爱情价更高；若为自由故，二者皆可抛
C. 爱情，这伟大的字眼，为了你还有什么样的疯狂不可能发生呢

D. 都有点喜欢

9. 自己有一位异性朋友时（　　）。

A. 让对方知道，并且在对方同意下才继续与“他”（或“她”）交往

B. 没有必要告诉对方，这是自己自由的权利

C. 让对方知道，但不允许对方干涉自己

D. 不能回答

10. 你认为幸福的爱情是（　　）。

A. 以共同的思想、情操和社会内容作为基础

B. 互相尊重对方，包括尊重对方的感情

C. 一切故事和传说中，美好的婚姻都是幸福的

D. 无法回答

11. 你认为追求和对付高傲异性的办法是（　　）。

A. 自己变得更高傲

B. 大献殷勤，做一切对方要求做的事

C. 若无所视，做出一副完全和自己意志相反的动作来

D. 不愿回答

12. 你认为（　　）。

A. 人是因为美才可爱

B. 是因为美才可爱，是可爱才有美

C. 美与可爱是同时产生的

D. 没想过

13. 一旦发现你的恋人变心时（　　）。

A. 把爱转变成恨

B. 无所谓，只当自己看错了人

C. 认为是幸运的，吸取过去的教训

D. 不知道

14. 你最喜欢下面哪八个字（　　）。

A. 郎才女貌，相濡以沫

B. 形影不离，心心相印

C. 志同道合，忠贞不渝

D. 不知道

15. 你对离婚的看法是（　　）。

A. 感到很惊讶，坚信自己的婚姻是不会这样的

B. 认为很平常，一旦发现更值得爱的人就抛弃旧的

C. 认为离婚是正常的，不过这些人的爱情是不幸的

D. 不知道

这 15 道题的各种答案的得分如表 8－2 所示。

表 8-2 得分表

题号	A	B	C	D	题号	A	B	C	D
1	1	2	3	0	9	3	1	2	0
2	1	2	3	0	10	2	3	1	0
3	2	3	1	0	11	3	2	1	0
4	2	3	1	0	12	1	3	2	0
5	3	1	2	0	13	1	2	3	0
6	1	3	2	0	14	1	2	3	0
7	1	3	2	0	15	2	1	3	0
8	2	3	1	0					

现在可以算出你的总分，如果你的得分：

（1）35 分以上，你的恋爱观是正确的；

（2）25～35 分，你的恋爱观还可以；

（3）25 分以下，你的恋爱观存在一定问题。

如果你选择的答案中有 6 个以上的 D，说明你的恋爱观还没定型。

【心灵影院】

《我的太阳》

阿博，大三准毕业生。单纯朴实的他在前 22 年的生命轨迹中糗事连连，常常碰壁，被光荣地誉为“霉矿”。面临毕业的他为了前途拼命地打拼，却仍是与幸运之神失之交臂。但谁都不会事事倒霉的，丘比特就在他信心渐失的时候眷顾了他。自信独立的漂亮女孩馨儿此时出现在了他的生命中。一个美丽的爱情故事、一段勇敢的奋斗历程、一次轻松的搞笑旅程在他和她之间上演了。而在阿博的生活、学习、事业都有所起色的时候，阿博突然发现馨儿开始刻意逃避他。是自己不够出色犯了错误？还是老天爷又一次的恶作剧？阿博决定，无论如何，都要找回一生的真爱，都要抓住生命中最美好的东西。这一次，他绝不放手……最终，明白了幸福真谛的两人在飞机场相拥而泣……

从这部影片中我们看到了什么？

这是一部相当值得回味的影片。独特的视角，不一样的创作手法，揭示了爱情在现实和理想之中徘徊的那种苦涩和无奈，刻画了当代大学生的校园生活。看过之后、笑过之余，会感到淡淡的苦涩，因为现实的确是残酷的。有时候你甚至会感觉自己很渺小，感觉自己很孤立无援，但是我们仍要有追求，要敢于拼搏，永不放弃，执着地朝着自己的方向努力！

欣赏完这部电影，你还得到什么启示呢？说说看。

【心灵书架】

《爱情心理学》

作者：［美］莎伦·布雷姆、罗兰·米勒、丹尼尔·珀尔曼著，郭辉等译。

出版社：人民邮电出版社。

内容简介：爱需要品味，爱需要思考，爱更需要运用智慧。

本书的作者综合了社会心理学、进化心理学、发展心理学和临床心理学及社会学、传播学、家政学等学科近几十年爆炸式的研究所取得的一系列丰硕成果，向读者展现了男女在差异之下的共同之处，让人们在恋爱等亲密关系中游刃有余。

第九章　压力管理与挫折应对

【学习目标】

1. 了解挫折的含义、类型等相关理论知识。
2. 了解大学生常见的挫折。
3. 以恰当的方式应对心理挫折和压力，培养自己的抗挫能力。

【课前讨论】

M同学在全省高职院校技能竞赛中取得了第三名，心里一直闷闷不乐，在他看来这次应该可以拿第一名的，所以内心充满了自责和沮丧。而在老师和同学眼里，他的成绩已经非常不错了，得了第三名是件值得高兴的事情。你怎么看？你认为压力来源于主观还是客观呢？

【案例故事】

大三男生小希最近因为感到压力大走进了心理咨询室。据了解，他因为当年高考失利所以来到一所专科院校，选的专业也不是自己喜欢的，但既然已经来了他也就给自己定了一个目标，就是一定要专升本然后考研。所以这三年来在学习上他一直很努力，成绩也不错。临近毕业各种事情非常多，学校提供了非常好的实习地点，如果实习表现好的话很可能直接留用，所以同学们积极地做着准备。小希很犹豫，如果去实习，以自己的成绩和表现，被留用的可能性很大，这样就可以早些工作为家里减轻负担，但是也意味着没有多余的时间和精力复习考本。如果不去实习，万一没考上，自己又失去了一个好机会。每次跟家里通电话，父母也总是问"复习得怎么样了？有没有把握啊？"等类似的问题，搞得小希心理压力很大。最近小希开始失眠，上课也不能集中注意力，还经常没缘由地发火，搞得寝室关系也很紧张。

其实压力每个人都有，有学生开玩笑说："进了大学不是进了保险箱，是进了压力锅。"可见对大学环境的适应、面对新的人际关系网、建立恋爱关系、寻找职业兴趣及就业中遇到的困难等，成为大学生主要的压力。压力代表着挑战，可以激发创造力，但是当压力超过了人们的身心承受负荷时就会产生一系列不良情绪和行为结果。

一、压力管理

（一）什么是压力

压力是指在适应生活的过程中，当环境的需求和自身的应对能力不匹配时，个体感受到的一种身心紧张状态。压力来自压力源，压力源是引起压力反应的因素。

（二）压力的表现

（1）情绪方面的表现。当人们压力过大或长期处在压力状态下时，情绪上会出现紧张、急躁、愤怒、焦虑、恐惧、迷茫、悲观、无助、挫折感和羞耻感等。

（2）认知方面的表现。处在压力状态下时，人们会出现反应迟钝、记忆力变差、注意力下降、理解力下降、思维混乱、道德和行为准则削弱、自信心不足等。

（3）行为方面的表现。受压力困扰时，行为上敏感或易激怒、退缩、语速变快、易受惊吓、坐立不安，还会表现为抽烟和喝酒次数增多、使用药品等。

（4）生理方面的表现。压力对神经系统、消化系统和内分泌系统都有较大的影响，例如肠胃失调、血压增高、心跳加快、痤疮、睡眠不好、疲倦、头疼、食欲大增、肌肉紧张等。

（三）大学生的主要压力及其管理

1. 大学生压力的来源

大学生的压力源很广泛，来自多方面。通常新生的压力主要来源于对大学生活的不适应。大学二、三年级可能会出现恋爱、人际关系、学习方面的压力。临近毕业时，常出现就业、未来规划等问题的困扰。除此之外，还有因家庭环境带来的经济方面的压力。

压力通常被认为是对人体有害的，其实适度的压力可以激发人的潜能，提高敏锐度，让人充满干劲，从而高效率地完成任务。适度的压力能帮我们更好地应对生活的挑战；当然，如果压力超出了承受限度，就会影响身心健康。虽然压力是不可避免的，但是如果采取一些措施就可减轻压力带来的影响，甚至将压力转化为动力，推动自身成长。

2. 与压力做朋友

（1）用积极的视角看压力。压力对人的影响与个体对压力的认识有很大关系。美国心理学家凯利·麦格尼格尔在《自控力：和压力做朋友》一书中提出：痛苦经历的好处，并非来自压力或创伤事件本身；它来自你——来自困境唤醒的力量，来自化艰难为意义的人类自然本能。压力可以激发人的潜能，带来动力和挑战，改变对压力的思维方式，重新定义压力，形态和行为也会随之转变。

（2）直面压力解决问题。压力是不可避免的，最直接的方法就是解决压力源带来的困扰。当困扰带来的挑战与我们的能力平衡时，就容易进入一种平和的状态。我们可以将压力源由大到小列出来，再列出相应的解决策略，然后由易到难逐个解决，还可以寻求各方面资源的支持。

（3）减少压力源。我们要懂得量力而行，避免给自己设定一些超出目前能力范围内的目标。

（4）运用减压法。例如休闲娱乐减压法、与朋友倾诉、正念呼吸法、书写减压法、运动减压法等。

【课堂活动】

活动目的：我们通常独自处在自己的压力事件中，因找不到解决方法而焦虑。通过分享、讨论减轻压力反应，获得支持。

活动步骤：

1. 请写下近期困扰自己的压力源，无须署名，将纸团丢进盒子里。

2. 请一位同学拿出一个纸团，扔给教室中任意一位同学，接到纸团的人大声读出上面的困扰。

3. 分组讨论解决方案，并送上加油、鼓励的话语。

二、大学生常见挫折及反应

【案例故事】

小敏相貌端庄秀丽，是校文艺部的骨干，各方面积极进取，对自己要求很高，在同学和老师眼里是个佼佼者。刚到大学时有位同乡的师哥对她照顾有加，给了她不少帮助，小敏心存感激之余逐渐对师哥心生爱意，她觉得师哥这么帮她一定也是对她有好感的，况且自己各方面都很优秀，于是在情人节那天，鼓足勇气发微信向师哥表达了爱慕之意，可没想到收到的却是师哥有礼貌的拒绝。小敏犹如被人当头棒喝，脑子里一片空白，简直不敢相信自己的眼睛，从未想到像自己这样优秀的人在第一次求爱时会被人拒绝。她有一种自作多情的羞耻感，一个人哭了很久才回到宿舍。晚上躺在床上无法入睡，懊悔和羞耻之心难以平复。从此，小敏情绪一直很低落，上课听不进去总走神，文艺部的活动也是能推就推，一学期下来有三门课不及格，辅导员找她谈话，她也总是应付，什么都不说。老师和同学都觉得她变了，最近她开始嫌自己胖、脸不够白，经常晚上不吃饭，导致内分泌失调，脸上起了很多痘痘，她越来越烦躁，讨厌自己。

大学生在以往的成长过程中，顺境多，逆境少，成就感强，挫折体验少。大多数学生没有经历过大风大浪的洗礼，对可能遇到的挫折缺乏心理准备，对挫折的承受力也比较弱。在恋爱中遇到挫折是大学生常遇到的事情，一段时间内感到痛苦、情绪低落是正常反应，但如果长期陷入低落情绪中不能自拔，就会对身心带来不良的影响，甚至导致心理疾病。故事中的小敏在遇到情感挫折后没有觉察自己的挫折情绪，也没有采取积极的应对措施，所以陷在其中一蹶不振。人的一生只要有追求、有需要，就会有失败、有失落。如何能客观、理性地面对挫折，采取积极的方式应对挫折、化解挫折是下面我们要讨论的话题。

（一）什么是挫折

在日常用语中，挫折一词是指失败、阻碍、失意的意思。在心理学上，挫折是指一种情绪状态，是指人们在实现目标的活动过程中，遇到了无法克服或自以为无法克服的障碍或干扰，使个人动机不能实现，需要不能满足时，所产生的消极的情绪反应。

挫折包括三个方面的要素。一是挫折情境，即人们在有目的的活动中，使需要不能获得满足的内外障碍或干扰的情境状态或情境条件，构成刺激情境的可能是人或物，也可能是各种自然、社会环境。二是挫折认知，即对挫折情境的知觉、认识和评价。三是挫折反应，即指主体伴随着挫折认知，对于自己的需要不能得到满足而产生的情绪和行为反应，如愤怒、紧张、焦躁、躲避等负面心理感受，即挫折感。其中，挫折认知是核心因素，挫折反应的性质及程度，主要取决于挫折认知。

（二）大学生常见的挫折

1. 学习方面的挫折

很多学生高考的志愿都是在教师和家长的指导下盲目填报的，并非自己所喜欢。进入大学后，专业学习和个人志向的矛盾便显露出来。加上学习内容陌生，学习动机不明确，学习动力不足，考试压力过大，尤其挂科降低了自我认同，从而会感到痛苦、失落、迷惘与彷徨。也有一部分学生因为高考失利或其他原因不得不来到自己不喜欢的大学，心有不甘，于是给自己定下了一些高难度的学习目标，并有只要努力就应该达到目标这样的信念，一旦失败就陷入自责和自我否定的观念里无法自拔。

2. 人际交往方面的挫折

人际交往在人的需要结构中居于重要地位。在大学校园这一特定环境之中，学生具有强烈的归属感，对友谊、对朋友有着热切的依恋和期望，大都渴望有较高的人际沟通能力，以不断促进自我认知和自我完善。由于交往经验与技巧不成熟，交往过程中沟通不足、关系失调、人际冲突等现象时有发生。不少学生对如何与室友、同学、老师、辅导员建立友好关系感到迷茫。有的学生因处理不好人际关系而被孤立，给心理健康带来巨大影响。

3. 情感方面的挫折

大学生的爱情如同夏日里的太阳雨，美丽却又带着些许伤感。爱需要理性与智慧，需要责任与尊重，但是大学生的恋爱特点往往是看中恋爱过程，轻视恋爱结果，爱情关系不稳定，因此，失恋等情感问题已经成为大学生在校园期间最主要的挫折之一，让自己陷入痛苦的深渊无法自拔，甚至出现报复或自杀等极端行为。

4. 择业和社会认知方面的挫折

大学生在择业中渴望有公平的竞争环境，这无疑是有积极意义的。但求职中用人单位难免有学历、是否是重点高校等偏见，也会出现性别歧视，或者附加身高、相貌等“苛刻”条件，也会有人情关系、钻空子等丑恶现象。凡此种种不公平待遇，使不少毕业生愤愤不平，抱怨自己“生不逢时”，怨天尤人，有的表现得过于偏执，缺乏理性。例如，有的大学生求职受挫便一蹶不振，垂头丧气，陷入失望、焦虑、苦闷的情绪之中，有的甚至出现社会适应恐惧症状。

（三）大学生的挫折反应特点

人们对挫折的反应各不相同，有的情绪反应强烈，有的则不明显；有的以各种偏激的行为表现出来，有的则以积极的方式来对待。一般来讲，人对挫折的反应主要表现在以下 4 个方面。

1. 情绪性反应

情绪性反应是指人们在受到挫折时伴随着强烈的紧张、愤怒、焦虑等情绪所作出的反应，可能表现为强烈的内心体验，也可能表现为特定的表情或行为反应。情绪性反应多为消极性反应，主要表现为焦虑、冷漠、退化、幻想、逃避、固执、攻击、自杀等。

（1）焦虑，是一种模糊的、紧张不安的综合性负性情绪，常常伴随焦急、忧虑、恐惧等感受，甚至可能会出现冷汗、恶心、心悸、手颤、失眠等神经生理反应。当人们面临心理冲突、情境压力，遇到挫折，预感到某种不祥的事情或不良的后果将要发生，或者感到需要付出努力的情境将要来临而又感到没有把握预防和解决时，一般都会产生焦虑情绪。挫折是引起焦虑的重要方面，人们遇到挫折时一般都会表现出某种程度的焦虑情绪。

（2）冷漠，是指当一个人遇到挫折时表现出的一种无动于衷和漠不关心的态度。这是一种复杂的挫折反应。表面上看，冷漠似乎是逆来顺受，毫无情绪反应，而事实上并不意味当事人没有反应，只是对挫折更加痛苦的内心体验被压抑或以间接的形式表现出来。一般情况下，对挫折的冷漠反应是由于一个人长期遭受挫折或感到没有任何希望摆脱或消除困境时而产生的。如某些学生第一次出现考试不及格时，一般会感到难过、自责或抱怨，接下来会更积极努力地学习；但当第二次、第三次甚至十几次考试不及格时，就会表现出对学习和考试漠不关心，不再努力学习，甚至不上课、不做作业、不参加考试，对老师、家长的劝说、批评、鼓励也无动于衷。

（3）退化，是指当人们受到挫折时所表现出的与自己年龄和身份不相称的幼稚行为。通常，不同年龄阶段的人各有其不同的情绪和行为模式。随着年龄的增长，在社会生活方方面面的影响下，人们在情绪和行为方面会日益成熟起来，使自己逐渐学会控制自己，在适当的场合和适当的时候表现出与自己年龄相符的情绪反应和行为。当遇到挫折后，一些人在一定程度上会失去对自己的控制，以低于自己年龄的简单、幼稚的方式应对挫折，以求得别人，有时是自己的同情和照顾，而且这种情况常常当事人自己不能清醒地意识到。如有些学生，甚至一些学习成绩好的学生，在考试过程中，每当感觉考得不理想时就会生“病”，并告诉别人自己是带病参加考试，甚至申请不参加下面的考试；有些大学生当遇到自己认为无法摆脱的困境时就离校或离家出走。可见，退化是一种由成熟向幼稚倒退的反常现象，不但不能有效地应对挫折，反而会使人的判断能力降低和工作效率下降，甚至使人缺乏主见、脱离现实、意志衰退。

（4）幻想，是指一个人在遇到挫折时企图以自己想象的虚幻情境来应对挫折。任何人都有幻想，大学生又处在多幻想的年龄段，所以大学生的幻想特别多。通过幻想人们可以暂时脱离现实，在自己想象的情境中满足一些自己的需要欲望，使人产生一种愉快和满足的感觉。如有些学生在幻想中想象当自己在事业上获得了巨大成功，当自己处于很高的地位，当自己得到了意中人的青睐时，如何受到世人的敬仰，如何风流潇洒的情境。应该说，当人们遇到挫折时，暂时的幻想可以使人在一定程度上缓冲挫折情绪，偶尔为之，也是正常的。但如果用幻想来应对现实中的挫折，特别是长期处于幻想状态或养成了从幻想中实现现实生活中实现不了的目标的习惯，就会使人降低对现实生活的适应能力和严重脱离现实生活，甚至可能导致精神疾病。

（5）逃避，是指一个人在遇到挫折或感到可能面临挫折时，不能面对现实、正视挫折，而是以消极的态度躲开挫折现实的一种挫折反应方式。有些大学生在遭受挫折后，往往不敢面对现实，而采取躲闪逃离现实情境的办法来寻求解脱，“一朝被蛇咬，十年怕井绳”是这种表现的突出特点。比如长期在逃避的心理暗示下，有少数学生因害怕考试竟在考试前一天高烧不退，没有任何病因，但也不是装病，产生这种情况，本人往往是无意识的，是个体借助某种生理机能的障碍来逃避困难的结果。

（6）固执，是指一个人在受到挫折后采取刻板的方式盲目地反复进行某种单调的、机械的无效动作，尽管知道这些动作对目标的达成、需求的满足并无帮助。如有些学生考试失败后，受到家长的责备，几经努力后仍没有效果，于是就丧失信心，破罐破摔，不再进行新的努力和尝试，茫然地按照往常已被证明是无效的做法刻板地反复去做，无论家长再怎样责备也无济于事。固执行为的特点是呆板无弹性，具有很大的强制性，是在人们遇到挫折后感到无能为力和不知所措时产生的反应方式，所以，这种挫折反应方式并不是不可改变，当人们一旦获得了更适当的反应方式，就会取代固执行为。

（7）攻击，是指当一个人受到挫折时，将愤怒的情绪发泄出去或者对构成挫折的对象进行报复而产生的攻击性行为。攻击性行为的对象可能是构成挫折的人或物，也可能是其他替代物，还有可能是受挫者自身。个体受到挫折时常常引起异常愤怒的情绪，产生敌视和报复心理，理智下降，可能会产生过激的举动，表现为攻击性行为。一般情况下，当人们遇到挫折时，最原始的反应便是攻击，当攻击不能解决问题，甚至可能带来更坏的结果或遭受更大的挫折时，人们又常常以间接的攻击方式或者以冷漠、退化、幻想、逃避等方式来对待。大学生正处于生理、心理发育的旺盛时期，多数学生争强好胜，报复心强，而自我控制能力又普遍较弱，因此，受挫后常常出现攻击行为，由此往往产生更严重的后果，导致更大的挫折。

（8）轻生，是个体受到挫折后所表现出的最为极端的消极行为反应。当个体在遭遇挫折后，因为承受能力较弱，感到万念俱灰，把受挫的原因完全归结为自己，所以自暴自弃，对生活失去信心，进而采取自认为是唯一的最后的“解脱”手段。

2. 理智性反应

理智性反应是指人们在受到挫折后，采取积极进取的态度，在理智的控制下所作出的反应。通常人们在遭受挫折后都会出现紧张状态，都会在某种程度上作出某种情绪性反应，其中，有些人始终被情绪所控制不能摆脱，而有些人则能够及时调整，保持冷静，面对现实，审时度势，采取积极的态度和方式对待挫折。所以，理智性反应是对挫折的积极反应方式，主要表现在以下两个方面。

（1）坚持目标，逆境奋起，矢志不渝。当人们遇到挫折后，经过客观冷静的分析，发现自己所追求的目标是现实的和正确的，当前的挫折只是暂时的，是在实现目标的道路上遇到的一些曲折，经过努力是可以克服和逾越的，所以，应设法排除障碍，克服困难，坚持不懈，朝着既定目标矢志不渝地迈进，直至最终实现自己的愿望和目标。人类社会发展的历史证明，许多科学发现和发明都是在十分艰苦的条件下，有时还冒着被攻击、被迫害甚至失去生命的危险，经过多次失败几经努力才获得成功的。大学生在成长过程中不可避免要遇到各种各样困难的挑战和考验，这就需要大学生在实践中不断提高自己的意志力，培养顽强拼搏的毅力和敢于面对和战胜困难的勇气。

古今中外许多名人大家都是饱经磨难仍奋斗不止，矢志不移而获得成功的。例如，诺贝尔在研究炸药的过程中，多次发生爆炸事故，亲人被炸伤，自己也几次险些丧命，但他从不气馁，最终获得成功；达尔文经过曲折的学习、生活终写成《物种起源》；我国名医李时珍经过 30 余年的不懈奋斗而著成《本草纲目》……这样的例子举不胜举。

（2）调整目标，循序渐进，不断努力。由于自身条件或社会因素的限制，人们的需要和目标并不是都能满足和实现的，或者在目前的条件下是不可能满足和实现的。因此，人们在实现目标的过程中，几经努力和尝试都失败后，就要冷静下来，认真客观地分析导致失败的真正原因，并根据实际情况对自己的奋斗目标进行适当的调整。一方面，可能自己定的目标太高，不符合目前自己的实际情况，或实现目标的条件尚不具备，这就需要适当降低目标，或将目标分成几个阶段性目标，并根据实际情况适当变换实现目标的途径和方法，循序渐进，通过不断努力，逐步获得成功。如有些学习基础差的学生，就不能一厢情愿地将目标定为每门课都优秀，而应考虑首先通过努力使每门课都及格，然后重点在一门课或几门课上取得好成绩，最后再努力取得全面进步。另一方面，人们满足需要和实现愿望的途径和方式是多种多样的，一旦遇到挫折，发现原定的目标难以实现时，还可以改换目标，寻找新的能够实现的目标取而代之，同样可以达到满足自身需要的目的。如有些学生在集体活动中想引起同学们的关注和赞赏就苦练唱歌，但由于自己的嗓音不够圆润，音乐基础又不太好，怎么练都达不到理想效果，这时就可以考虑练跳舞或演讲等，或许适合自己的实际情况，取得理想的效果，达到同样的目的。调整目标并不是害怕困难的表现，而是实事求是的表现，是一个人成熟和理智的表现，还可以降低和避免由于目标选择不当而难以实现对人们自信心的挫伤和由此产生的挫折感和焦虑情绪。

三、在挫折中成长

（一）挫折对大学生成长的意义

挫折可以给人带来痛苦和不幸，也可以使人在与困难斗争的过程中获得经验与信心。没有挫折就没有成长，大学生在成长过程中，必定会遇到各种挫折和危机，这些挫折和危机在给人带来巨大心理压力和情绪困扰的同时，也给人带来了成长成才的契机。生活经验告诉我们，一个要成就大业的人，必须先经历种种苦难、挫折，才能有所作为。因此，能够忍受挫折的打击，保持正常的心理活动，既是大学生良好社会适应能力和心理健康的标志，也是成长成才的关键。

（二）应对挫折的自我调适

大学生挫折心理产生的最主要的原因是个体主观因素，一切外部因素都是通过个体感知后而产生作用的。因此，大学生战胜挫折，必须发挥主观能动性，积极进行自我调适。

1. 正确认识自我，战胜自我

正确地认识自我是成功的第一步，接着是正确的自我设计。设计的起点必须建立在切实可行的基础上，既不能过高也不能过低。有了这样的设计，就要开始为之奋斗努力。大学生的成长就是要不断地战胜奋斗过程中的随意性、盲目性和浮躁的情绪。所以说，成功之路实际上是一个不断战胜自我的过程，是一个从混乱到有序的过程。

无数实例证明，一个人的成功并不取决于他的天赋和已有的地位、财富，最关键的是取决于他能否不断地战胜自我。谁能战胜自我认识上的混沌，战胜自我意志上的薄弱和自信的不足，谁就能成为强者。大学生应该树立即便改变不了别人和这个世界，但可以改变自己的信念，有勇气利用挫折作为前进的动力，为自己寻找一个新的开始，积极面对人生。

2. 挫折情绪适时宣泄

人在遭受挫折后，会造成很大的精神压力，产生一定的情绪反应和紧张状态，引起一系列的生理变化，产生能量。这时体内激增的能量如果不能得到及时发泄，就会危害身体，消磨意志。情绪的宣泄在很大程度上也就是这种能量的发泄。受挫者经过宣泄，以尽快达到心理净化，心理平衡。

为此，大学生在产生挫折情绪体验后，要积极寻求、创造一种能把因挫折而压抑的情绪自由表达出来的适宜环境，帮助自己把心中的压抑、焦虑和不安尽情释放出来，从而恢复理智情感。

首先，大学生要勇于把过分压抑的情绪及时进行释放。精神分析理论认为个体受挫后会产生紧张、不安、焦虑的情绪，这种情绪只有以某种方式发泄出来，才能保持心理平衡。如果抑郁的情绪长期得不到发泄，随着挫折的增多，消极情绪就会愈积愈多，导致心理问题的产生，甚至精神失常。所以当大学生对环境感到厌倦、压抑时，当个体需要长期得不到满足时，应善于适当发泄一下内心的积郁，特别是那些性格孤僻、内向、内心情感不轻易外露的学生更要把不快的情绪进行宣泄，以尽早恢复心理平衡。

其次，情绪宣泄要选择适宜的场合和适当的方式进行。大学生可以选择的宣泄方法和场合很多，但必须以不损害他人、集体和社会的利益为前提，宣泄行为要合乎社会规范，不应把矛盾进一步激化和扩大。

大学生要学会及时宣泄自己的不良情绪，倾诉是最常用的宣泄形式，也是保持心理平衡，促进良好适应的较好方法。大学生可以选择自己的亲人、朋友、老师、同学等作为倾诉的对象，根据引发情绪的事件不同，选择不同的人倾诉不同的内容。所以，大学生应该多结交知心朋友，养成经常和亲人沟通谈心的好习惯。高校的思想政治工作者也应该努力成为学生愿意倾诉的对象，一方面对其进行劝说和安慰，及时避免不良后果的发生；另一方面通过及时沟通也可以准确地把握学生的思想动态，为思想政治教育的有效开展奠定基础。此外，大学生还可以通过活动释放的方法把紧张的情绪和积聚的能量排遣出去。比如受到挫折，感到郁闷、苦恼时，可以到操场上猛踢一场球，等到自己满头大汗、气喘吁吁时，心理也就平静下来了。甚至可以大哭一场，眼泪能将多余的能量排出体外，对身体当然是有利的，也有利于及时恢复心理平衡。我们在与大学生的访谈中了解到，他们释放缓解不良情绪的方式还包括听音乐，读喜爱的小说，努力在外部改变自己，换个发型，穿件好衣服，到自然界中去放松等。

3. 淡化消极情绪，柳暗花明

大学生产生挫折最原始的起因是挫折情境，包括现实存在的挫折情境和大学生自认为的想象的挫折情境。如果受挫大学生长期停留在引起挫折的环境中，容易触景生情，反复挫折体验，这样就会更加激化悲伤情绪，从而加重心理负担。因此，受挫大学生在条件允许的情况下要通过改变自己所处的环境，转移不良情绪，恢复心理平衡，这在心理学上叫情境转移。它包括从现实存在的原挫折环境转移到新环境，也包括改变心理环境。受挫大学生改变心理氛围，特别是想象挫折情境的学生，要积极体验他人或组织的理解、关心、帮助和温暖，从“山穷水复”走向“柳暗花明”。

比如某个大学生亲人突然病故，他悲痛万分，每次回家看到亲人的遗物都会触景生情，再次体验痛苦和悲伤。这种情况下，如果他能够外出旅游一段时间或在学校住宿，投入一些有意义的活动中，使自己的生活充实忙碌起来，注意力发生转移，就会淡化、遗忘过去那种消极、悲痛的情绪。

心理环境的改变对于受挫大学生淡化消极情绪更为重要。大学生受挫后要认真对待老师、同学、亲人的劝慰，对于他们给予的关心、帮助要心存感激，学会体验和感受身边人真挚的情感，这样才能使心理氛围向积极方面转变，挫折情绪也会逐步消除。

【课堂实践】

压力生命线

实训目的：

（1）人们往往不知道是什么使自己感到烦恼，细细分析起来才知道原来是生活和学习中的某些压力所致。本活动旨在帮助学生了解自己的压力源，以便更好地加以应对。

（2）本活动通过让每个人找出自己过去应对压力的经验，使学生学会以“确立目标”“找寻例外经验”“假设成功”的方式，找出应对压力的可行策略。

（3）本活动可以使学生了解到自己能够用以应对挫折的资源，并掌握自己最熟悉且最有效的应对挫折的方式。

实训内容：

（1）让学生在纸上画一条线代表自己的生命线，起点是0，终点为自己生命的终点，并在生命线上方用点标出不同年龄阶段的重要压力事件。压力大的事件标注的点较高，压力小的事件标注的点较低。将这些点连接成一条自己生命历程中的压力曲线。

（2）让学生挑选1～2个压力的来源是否有相似性，主要集中在哪些方面？如果遇到压力，还可以采取哪些应对方式？你觉得哪种缓解压力的方式最适合你？

【心灵加油站】

生命列车咏叹调

生活犹如乘火车旅行，旅途中人们上上下下。在路途中，不时有意外出现——有时会使人们感到意外的惊喜，有时则给人们带来深深的悲哀。

来到人间，我们登上生命列车，与一些人结伴而行。

原以为父母会永远陪伴着我们。遗憾的是，事实并非如此。他们在中途的某个车站下车，使我们成为失去爱抚，成为无人陪伴的孤儿。

然而，还会有一些在我们的一生中占据非常特殊地位的人上来。我们的兄弟姐妹、亲朋好友和亲密爱人会登上列车。乘坐列车的人中，有些仅仅在车上做短暂的停留，有些在旅途中遭遇的只是悲伤，而还有人则永远准备为需要的人提供帮助。

很多人在下车时会给我们留下永久的怀念，有的则悄然离去，以至于我们都没有察觉到他是何时离开座位的。

当发现非常亲密的人竟然坐在另外的车厢时，我们会感到极其惊讶。我们被迫与他们分开。当然，这并不能阻碍我们在旅途中艰难地穿过我们的车厢与他们会合……但遗憾的是，我们不能坐在他们的旁边，因为其他人已占据了座位。

尽管旅途中充满挑战、梦想、幻觉、等待和别离，但我们决不回头。

让我们尽可能使旅行决不回头。

让我们尽可能使旅途变得美好，设法同所有旅客建立良好的关系，努力发现每个人的优点。

我们经常会回忆起旅途中的某个时刻，和我们结伴而行的人可能会徘徊不定，而我们很可能必须理解他们，因为我们也经常会犹豫不决和需要别人的理解。

最后，巨大的秘密是我们永远不知道在哪一站下车，更不清楚我们的伙伴——即使他们是此刻坐在我们的身边的人——在哪里离去。

我陷入沉思，当我下车离开时是否会抱有怀恋之情……

我想会的。与旅途中结识的一些朋友别离将是很痛苦的，但是回想一下旅途的经历，我们会感到欣慰；想到某个时刻列车到达主要车站，伙伴们陆续上车，当时我们是多么激动；想到我们曾经帮助他们并使其旅途变得更加愉快，我们会由衷地感到幸福。

我们应让这次很有意义的旅途变得平静安稳。这样做是为了当到了我们下车的时候，我们的位置空了出来，但仍能给继续乘车旅行的人留下美好的回忆。

【心理测试】

意志力的自我检测

请认真阅读下面20道题，然后在题后的5个答案中选择一个（只能选择一个），在下面打"√"。

1. 我很喜欢长跑、爬山、远途旅行等活动，但并不是因为我身体条件适合这些项目，而是因为它们能使我更有毅力。

A. 很同意　B. 比较同意　C. 可否之间　D. 不大同意　E. 不同意

2. 我给自己订的计划常常因为主观原因不能如期完成，这种情况是多还是少？

A. 很多　B. 较多　C. 不多不少　D. 较少　E. 没有

3. 如没有特殊原因，我能每天按时起床，不睡懒觉。

A. 很同意　B. 较同意　C. 可否之间　D. 不大同意

4. 我订的计划应有一定的灵活性，如果完成计划有困难，随时可以改变或撤销它。

A. 很同意　B. 较同意　C. 无所谓　D. 不大同意　E. 反对

5. 在学习和娱乐发生冲突的时候，哪怕这种娱乐再有吸引力，我也会决定马上去学习。

A. 经常如此　B. 较经常　C. 时有时无　D. 较少如此　E. 并非如此

6. 学习或工作中遇到困难的时候，最好的办法是立即向老师、同学求援。

A. 同意　B. 较同意　C. 无所谓　D. 不大同意　E. 反对

7. 在长跑中遇到生理反应觉得跑不动时，我常常咬紧牙关坚持到底。

A. 经常如此　B. 较常如此　C. 时有时无　D. 较少如此　E. 并非如此

8. 我常因读一本引人入胜的小说而不能按时睡觉，这种情况是多还是少？

A. 很多　B. 较多　C. 时有时无　D. 较少　E. 没有

9. 我在做一件应该做的事之前，常能想到做与不做的结果有什么不同，而有目的地去做。

A. 经常如此　B. 较常如此　C. 时有时无　D. 较少如此　E. 并非如此

10. 如果对一件事不感兴趣，那么不管它是什么事，我的积极性都不高。

A. 经常如此　B. 较常如此　C. 时有时无　D. 较少如此　E. 并非如此

11. 当我同时面临一件该做的事情和不该做却吸引着我去做的事情时，我常常经过激烈的思想斗争，使前者占上风。

A. 是　B. 有时是　C. 是与非之间　D. 很少如此　E. 不是

12. 有时我躺在床上，下决心第二天要干一件重要的事情（比如突击一下外语），但到第二天，这种劲头又消失了。

A. 常有　B. 较常有　C. 时有时无　D. 较少如此　E. 并非如此

13. 我能长时间做一件重要但枯燥无味的事情。

A. 是　B. 有时是　C. 是与非之间　D. 很少如此　E. 不是

14. 在生活中遇到复杂情况时，我常常优柔寡断、举棋不定。

A. 常有　B. 有时有　C. 时有时无　D. 很少有　E. 没有

15. 在做一件事情之前，我首先想到的是它的重要性，其次才想我是否感兴趣。

A. 是　B. 有时是　C. 是与非之间　D. 很少是　E. 不是

16. 我遇到困难时，常常希望别人帮我拿主意。

A. 是　B. 有时是　C. 是与非之间　D. 很少是　E. 不是

17. 我决定做一件事时，常常说干就干，决不拖延或让它落空。

A. 是　B. 有时是　C. 是与非之间　D. 很少是　E. 不是

18. 在和别人争吵时，虽然明知不对，我却禁不住说一些过头的话，甚至骂他几句。

A. 经常有　B. 较常有　C. 时有时无　D. 较少　E. 没有

19. 我希望做一个坚强而有毅力的人，因为我深信“有志者事竟成”。

A. 是　B. 有时是　C. 是与非之间　D. 很少是　E. 不是

20. 我相信机遇，因为好多事实证明，机遇的作用有时大大超过我的努力。

A. 是　　B. 有时是　　C. 是与非之间　　D. 很少是　　E. 不是

计分方法：

（1）凡单号题（1、3、5……），每题后面的5种回答，从第A到第E依次记5、4、3、2、1分；

（2）凡双号题（2、4、6……），每题后面的5种回答，从第A到第E依次记1、2、3、4、5分。

结果解释：

（1）81～100分：意志很坚强；

（2）61～80分：意志较坚强；

（3）41～60分：意志品质一般；

（4）21～40分：意志较薄弱；

（5）0～20分：意志很薄弱。

【心灵影院】

《永不妥协》

影片由史蒂文·索德伯格执导，朱莉娅·罗伯茨、阿尔伯特·芬尼、艾伦·艾克哈特等主演。该电影改编自真实事件，描述了一个没有法律背景的单身母亲，历尽艰辛，以永不妥协的勇气和毅力打赢了美国有史以来最大的一宗民事赔偿案。

【心灵书架】

《自控力：和压力做朋友》

作者：[美] 凯利·麦格尼格尔著，王鹏程译。

出版社：北京联合出版公司。

内容简介：这是一本帮你与压力共存的实用指南。拥抱压力会使你面对挑战时更主动，运用压力的能量，而不是被其耗得油尽灯枯。它帮你将压力重重的窘境转变为社会交往的机会，而不是离群索居。最终，它提供新的方式，引领你在痛苦中找到意义。

第十章　生命教育与死亡文化

【学习目标】

1. 理解生命的宝贵和意义，学会尊重生命，珍爱生命。
2. 了解死亡的含义、特征，培养积极的生命态度。

【课前活动】

假如我们即将面临死亡，你会怎样书写自己的墓志铭呢？

【案例故事1】

程浩，“2013年感动中国”候选人，一个只活了20年的青年，用短暂的时光留给了世界一笔巨大的精神财富。他出生后就没走过路，医生断言他活不过5岁，病危通知书都成摞。尽管如此，他还是怀着感恩之心，带着赤子情怀，抓紧一切时间，在精神世界漫游成长。他努力克服种种困难自学电脑，每天坚持写日记、微博，阅读10万字，他在《站在两个世界的边缘》中写道：生命之残酷在于其短暂；生命之可贵亦在于其短暂。他说：“也许，人们的坚持，往往不是因为相信未来，而是他们不想背叛过去。梦想如此，活着亦是如此。人间就是一条长长的大路，每个人都是一只背着重壳的蜗牛，壳里装着理想、誓言，以及所有关于过去的执念。……能够坚持到底的人，很少；半途而废的人，很多。……也许我们无法明白活着的意义，但是我们已经为活着付出了太多代价；也许我们无法实现自己的梦想，但是我们已经为梦想流下了太多的泪水。我们能做的，仅仅是在这条路上走得更远，绝不能回头。天堂未必在前方，但地狱一定在身后。”

【案例故事2】

何玥，一个12岁的女孩儿，因患脑瘤晚期被确定为脑死亡。她的家人根据她生前的意愿，将她的肾脏和肝脏进行捐献。她的两个肾脏和一个肝脏分别被移植到两名尿毒症患者和一名肝病患者体内，使三名患者的生命得以延续。她以另一种方式活着，她的精神使她的生命得到永恒。

一、生命概述

“生命是这世界上最崇高的礼赞”。生命只有一次，对每个人来说都无比珍贵。人究竟为什么活着？怎样才能活得有价值？这也许是每个人一生中最重要的话题。不同的人对生命有着不同的理解。但可以肯定的是，那些明白自己为什么活着的人，会拥有更加强大的力量去直面生活中的打击与痛苦，也会更加用心经营生命，看清世间沉浮，笑纳人生百态，按住躁动的心，从容地感受生命真正的意义。

（一）生命概述

生命是生物的本质和组成部分，是生物体无穷变化所遵循的普遍规律。生命构成了世界的存在，世界因为有了生命而显示出生生不息的活力。

（二）生命的形态

在所有的生命存在中，人是超越一切其他生命现象的存在物。人是宇宙之精华，万物之灵长。正因为人的存在，才使生物进化发展到前所未有的高度。正如马克思所指出的，任何人类历史的前提是有生命的个人存在。人的生命具有生物性、精神性和社会性 3 种存在形态。

1. 生物性的存在

人是生物性的存在，生物性是人的生命最基本的特性，是人的生命的社会性、精神性存在的基础。人的生命作为一个自然生理性的肉体而存在，人的生长和发展必然要服从生物界的规律，衣食住行、吃喝拉撒、生老病死是每一个人都无法逃避的。

2. 精神性的存在

人不仅为了满足自己的生理需要而活着，还要追求超越生物存在的精神性存在。人要规划自己的人生，实现自己的价值，指导和提升生物性的存在。正是生命的精神性存在，才使人的生命有了精神价值，使生命得到理性和道德的升华。

3. 社会性的存在

一个人要想生存，必须参与社会活动，在与他人的交往中追求生命的意义，实现人生的价值。印度狼孩的例子说明，如果脱离了人类社会，人可能只是一种“人兽”，不能算是真正意义上的人。社会性的存在使人在面对千变万化的社会生活时，保持生命的智慧和坚定的信念，在对生死、爱恨、聚散、得失的选择中，表现出豁达的人生态度。

（三）生命的特征

1. 有限性

生命存在的时间有限。人的自然寿命一般是七八十岁，最多也不过百十来岁。在有限的生命中，人要不断地面对生老病死、得失祸福，任何人都无法逃避。

2. 双重性

人的生命作为生物体的存在，受自然规律的制约，具有自然性。同时，人的生命也是精神的存在，受道德规范的支配。每个人都必须面对这种矛盾，这是人生命价值发展的根本动力。人就是在生命的双重性中寻求人生的意义和生命的完善。

3. 创造性

人的生命是一个不断成长的过程。生命处于运动之中，从不间断，一旦静止就意味着死亡。生命运动内容的丰富性，体现着人的创造性。人们通过创造性地把握生活的变化，去发现生命的意义，实现对生命更深入的认识和超越。生命的创造性决定了每个人的生命都是独一无二的。

4. 完整性

一个完整意义上的人，包括了所有的本质特征和毕生发展阶段的特点，因此人的生命具有完整性的特征。人的生命经历了出生、长大、成熟、繁殖及死亡等不同形式，这些形式连接起来，就形成了人的生命的完整历程。

二、探寻生命的意义

人与动物的最大不同就在于人会寻找生命的意义。生命的意义是关于生命的积极思考。

关于对生命意义的追问，可能每个人都在内心有过苦苦的思索，下面通过三个“我”引导大家更好地思索自己人生的意义。

（一）我是谁

自从人类诞生以来，“我是谁”这个问题就一直困扰着人们。人们对“自我”的不同探求催生出了不同的哲学。一切哲学其实都是在试图解释世界、解释自我。

苏格拉底说：“我只知道一件事，那就是我一无所知。”

自我意识是人对自己以及自己与周围世界关系的评价与认识，以及对自身行动的支配和控制能力。健全的自我意识的标准是：一个有自知之明的人，既知道自己的优势，也知道自己的劣势，能正确评价自我和自我发展。自我意识健全的人，应该是自我认识、自我体验和自我控制相协调一致的人；自我意识健全的人，应该是积极自我肯定的、独立的并与外界保持一致的人；自我意识健全的人，应该是理想自我与现实自我统一的人，有积极的目标意识和内省意识，积极进取，永无止境。

（二）我为什么活着

拥有了自我意识，人们就会有向更深层面探索自我、探索生命的欲望。这种探索贯穿生命的每个阶段，与人们的人生时刻相伴。在这个过程中，人们必然会产生各种各样的自我追问。活着为了什么？生命的意义又如何？这可能是人们最关心的问题，也是讨论与思考最多的人生话题之一。

毕淑敏老师在一次演讲中，被学生问道：“人生究竟有什么意义？”毕淑敏老师给出了一个让所有人大吃一惊的回答：“人生本没有意义。”但她紧接着又告诉同学们：“人生本没有意义，但每个人必须为自己的人生确定意义。没有人会替你确定人生的意义，但如果你无法确定人生的意义，你将一辈子活在无意义状态里面。大到每天，小到每做一件事，你都会感到无名的痛苦，因为你不知道往什么地方走。所以，每个人必须为自己的人生确定意义。”

毕淑敏老师的回答给了人们这样的启发：与其在人生意义的终极问题上纠缠不清，不如暂且抛开这些形而上的苦思冥想，在实实在在的生活中确立一个具体的意义，找寻一个活下去的理由。

每一个人都是芸芸众生中的一员，人们的烟火人生有日复一日的柴米油盐，也有诗意浪漫的风花雪月。衣食住行，七情六欲，生老病死，世间人概莫能外，把握好现在、活在当下就是对生命的意义最好的阐释。

（三）我应该怎样活着

生活是一种艺术，但至今还没有谁敢自称是生活的艺术大师。鲁迅先生有言：“做人处世的法子，恐怕要自己斟酌，许多别人开来的良方，往往不过是废纸。”的确，生活的真谛是靠自己在生活中亲自实践慢慢体会出来的。

大学生应保持以下几种积极的生活态度来对抗人生的虚无感，从而更好地追求美好生活。

1. 珍惜时间

人生百年，若白驹之过隙，忽然而已。这样短暂的人生究竟应该怎样度过呢？珍惜时间，不要等到“垂垂老矣”再来后悔自己虚度了光阴；珍惜时间，就等于变相延长了生命，增加了人生更多的可能性。

2. 充实自己

生活在这样的时代，人们需要积极主动地去学习，通过学习，充实人生。学习的形式有很多种，不仅要学习各种知识、各种技能，还要学习各种生活的艺术，人们不仅从书本课堂中学习，还从生活实践中学习。

阅读、旅行都是学习的方式之一。读史使人明智，读诗使人聪慧。阅读是一枚打开人类思想宝藏的钥匙。通过阅读，人们不仅可以与古今中外的伟大心灵对话，还能与历史长河中的普通人沟通。通过阅读，人们能感受到他人的生活方式、生命历程，感悟到人生的丰富多彩和人类心灵的深邃广袤，从而突破自己生命的局限，看到自己生命的各种可能性。旅行是另一种形式的阅读。旅行是一种生活空间的开拓。在旅行中，人们见识一个新鲜的世界，体验一种新鲜的感觉，旅行可以充实人们的生活，增加生命的厚度，扩展生命的广度。

只有在不断的学习中，我们才能找到自己的信仰，充实自己的人生。

3. 主动创造

美好的生活是靠人的意志力主动创造出来的。在创造者眼中，没有平庸的生活，没有无聊的人生。创造者对世界犹如初生，时刻沉浸在发现的狂喜中，时刻沉浸在尝试的新鲜感中，时刻沉浸在改造生活的喜悦中。有创造才会有活力，有创造才会有进步，创造是拥有美好生活的必备素质。

4. 保持快乐

追求快乐是人的本能。每个人都渴望快乐的人生，但快乐并不是随意能买来的商品，它也要靠付出努力才能拥有，尤其是深层次的快乐。快乐是在你积极创造生活、充实自我之后给予的一种馈赠。快乐也是一种心态，跟财富无关，只跟一个人对生活和快乐的理解有关。

【课堂活动】

人生的选择

我们的人生如同一辆行驶的列车，车上是你人生不同阶段遇到的人、事、物。请认真思考对你来说最重要的、不可或缺的五样，可以是人，也可以是事物，并写在表 10－1 中。

表 10－1 重要的人、事、物

对我来说最重要的	感受	想说的话

选择与舍弃

现在，你的生活出现了一个变故，要想让生命的列车继续行驶，必须舍弃一样，舍弃意味着你再也看不到它，它将彻底消失在你的世界里。选好了之后，用笔涂抹盖住，并写下你此刻的感受和想对它说的话。

现在你所珍视的东西只剩下了四样。但生活有时是残酷的，你不得不再次面对舍弃。请认真思考，将它用笔画掉盖住，并写下你此刻的感受和想说的话。

看着你剩下的三样东西，生活再次和你开了个不小的玩笑。你必须再放弃一次。请慎重选择。

现在你面前只剩下宝贵的两样了。我们来做最后的、最艰难的选择。请大家保留其中的一个。

审视与思考

好了，现在你的纸上只剩下了最后一样。这与你第一个写下的一样吗？思考这意味着什么？他（它）对你为何如此重要？你想对他（它）说些什么呢？

人生如果有“如果”

如果你有十年的时间，让这些离去不留遗憾，你会做些什么呢？

如果我有十年时间，我会____。

如果我有十年时间，我会____。

如果我有十年时间，我会____。

如果我有十年时间，我会＿＿＿＿＿＿＿＿＿＿＿＿＿＿＿＿＿＿＿＿＿＿＿＿＿＿＿＿＿＿＿。
如果我有十年时间，我会＿＿＿＿＿＿＿＿＿＿＿＿＿＿＿＿＿＿＿＿＿＿＿＿＿＿＿＿＿＿＿。

【拓展阅读】

人生的真谛

几个学生向苏格拉底请教人生的真谛。

苏格拉底把他们带到果林边，这时正是果实成熟的季节，树枝上沉甸甸地挂满了果子。“你们各顺着一行果树，从林子这头走到那头，每人摘一枚自己认为是最大最好的果子。不许走回头路，不许作第二次选择。”苏格拉底吩咐。

学生们出发了。在穿过果林的整个过程中，他们都十分认真地进行着选择。

等他们到达果林的另一端时，老师已在那里等候着他们。

“你们是否都选择到自己满意的果子了？”苏格拉底问。

学生们你看着我，我看着你，都不肯回答。

“怎么啦？孩子们，你们对自己的选择满意吗？”苏格拉底再次问。

“老师，让我再选择一次吧！”一个学生请求说，“我走进果林时，就发现了一个很大很好的果子，但是，我还想找一个更大更好的，当我走到林子的尽头后，才发现第一次看见的那枚果子就是最大最好的。”

另一个学生紧接着说：“我和师兄恰巧相反，我走进果林不久就摘下了一枚我认为是最大最好的果子，可是以后我发现，果林里比我摘下的这枚更大更好的果子多得是。老师，请让我也再选择一次吧！”

“老师，让我们都再选择一次吧！”其他学生一起请求。

苏格拉底坚定地摇了摇头：“孩子们，没有第二次选择，人生就是如此。”

三、向死而生　活在当下

人，无论是否愿意，都要面对和经历死亡，死亡是生命周期的最后历程。理解“生”，未必彻悟“死”；唯有透视“死”，才能好好地“活”。《西藏生死书》的作者索甲仁波切说：“只有当我们学会面对死亡，我们才能学会生命中重要的课题：生为一个人，在最深层的意义上，如何面对自己并与自我达成协议。”因此，在生命教育中，死亡教育必不可少，但重要的并不是了解死亡本身，而是要以死观生，通过对死的思考，促使对生命的警醒与觉察，从而珍惜生命，降低对死亡的恐惧与逃避，使我们能够以坦然、积极的态度面对死亡，思考并赋予生命新的意义。

（一）死亡的定义

医学上规定，死亡指所有生命机能的永远停止。可以参见以下死亡定义：第一，大脑功能、血液循环系统的自发机能出现总的、不可逆转的终止；第二，可感觉到的跳动的心脏和呼吸最终的、不可逆转的终止。”

（二）死亡的特点

与死亡一起来的，一面是永久的黑暗，另一面是永久的安宁。死亡将人类生活中的幸福带走，也会一并把生活中的痛苦带走。从死亡的形式上看，死亡作为生存的对立面似乎还有一种不可抗拒的作用。

1. 死亡具有必然性

凡是个体的生命都存在死亡的必然性。马克思在《异化及其克服》中对于死亡的论证可以说是经典中的经典，他这样说道：“死似乎是对特定个体的冷酷的胜利，并似乎是同它们的统一相矛盾的；但是个体不过是一个特定类的存在物，而作为这样的存在物是迟早要死的。”

2. 死亡具有不可抗拒作用

死亡来临的时候，人类都是无法自己选择的。就算是帝王将相、达官贵人在死神面前也是无力的，也无法避免死神的眷顾。因此，古代的很多帝王从登基之日起，就开始了漫长地寻找长生不老的途径。

（三）如何面对死亡

“死”似乎已经成了我们不愿谈及的话题，因为大多数人对死亡充满了恐惧。人对死亡的恐惧，来源于人们认为死的过程是痛苦的，对死后去哪充满了疑惑，同时也是对失去的恐惧。那么怕死是懦弱的表现吗？当然不是。我们对死亡焦虑和恐惧的背后，传递的信息是：生命是宝贵的，生命有时是脆弱的。它提醒我们，生命没有重启键，所以要好好保护和对待。

每个人都会走向死亡，我们应该怎样走完这一生？相信不少人曾经思考过这个问题，当然答案一定是要幸福地、快乐地、健康地走到最后。事实上，我们是不是真的这样做到了呢？

假设每个人的生命轨迹有这样两种：一种是一生都处于健康之中，只有当晚年生命之能逐渐减弱时，健康才开始走下坡路，但仍然能生活自理，最后生命耗尽而结束，没有痛苦，没有恐惧；另一种是一生处于疾病之中，忍受着巨大的病痛与医疗的折磨，生命因为痛苦而失去尊严，在无奈与恐惧之中痛苦地死去。我们应该如何选择呢？所以说，爱护自己的健康，认真地对待自己，放下对名利的执着，开心地生活，幸福地度过每一天。不要担忧明天，也不要错失今天，享受人生的每一秒钟。当最后的时刻来临，希望我们每个人都能在安详中愉悦地面对它。在生命的最后一分钟，我们都能保持自己生命的尊严。

死亡是令人恐惧的，没有人愿意失去自己的生命，一些经历过死亡体验后又从死亡状态中逃脱的人更加感到生命的可贵。心理学家马斯洛在心脏病突发被抢救过来后说道：“面对死亡又暂从死亡中解脱，使世间的一切事物显得如此珍贵，如此神圣，如此美丽。我比任何时候都更强烈地热爱这一切，更渴望拥抱这一切，更情不可遏地要投身于这一切……死亡及其突然降临的可能性，使我们更有可能去爱，去热烈地爱。

（四）丧失与哀伤

哀伤就是因为任何的丧失而引发的哀伤情绪体验。哀伤既是一种状态，也是一个过程。虽然我们都不愿意失去，但那是我们每个人在生命历程中都必须面对的。面对重大丧失，比如对个体而言，重要的人和关系的丧失等，都会对个体造成巨大的冲击，从而引发强烈的痛苦感和悲伤情绪。心理工作中的哀伤辅导就是协助人们在合理时间内，引发正常的悲伤，并健康地完成悲伤任务，以增进重新开始正常生活的能力。人在面临重大丧失的时候，通常会经历以下 5 个过程。

（1）否认。否认事实的发生，或逃避现实。不愿意接受和承认事情发生在自己的身上，特别是事情刚发生的时候，通常产生不接纳或回避的情绪。例如："这不是真的，我怎么可能得这种病？一定是医院搞错了。"否认是一种防卫反应，可以缓解心理的紧张，避免因过度震惊而昏倒。

（2）愤怒。愤怒可能针对别人，也可能针对自己，当事人常常有这样的想法："为什么这样的事情会发生在我的身上，为什么是我？"甚至指责别人，把情绪强加给他人。所以在新冠疫情期间，我们会从新闻上看到一些新冠病毒感染者或家属攻击医护人员的不理智行为。

（3）讨价还价。在这个阶段，通常会有自责情绪，会不断地说"如果当时我怎样怎样就好了"等一系列后悔自责的话。在经历了愤怒阶段，情绪发泄，知道埋怨也无济于事后，有些人会转向跟医生或神明讨价还价，来缓解失落无助的状态。例如："医生，求求你救救他，要什么都给你。"或者祈求神明的怜悯，期待奇迹出现。

（4）抑郁和消沉。抑郁和消沉可能是所有丧失者都会经历的过程，也是比较难过的关口，可能会感到无助、无力、愧疚和悲痛，情绪沮丧或自暴自弃。主要表现为话少、发呆，有时会静坐、哭泣。无论临终者还是哀伤者，这个阶段的人，需要亲人的照顾和陪伴，倾听其叙述往事或内心的失落与哀伤，协助其完成未了的心愿，引导其接受事实，平静面对。

（5）接受。这是哀伤的最后一个阶段，这个时候人开始意识到生活必须继续下去，开始接受事实。人开始获取帮助，向前看，走出哀伤，面对事实，变得更坚强。也有些绝症患者日夜祈祷，等待死亡的到来。每个人在接受死亡挑战阶段的态度及生活方式都有不同。

当我们经历哀伤时，不要因为自己的某些反应而自责或感到奇怪。合理释放自己的悲伤情绪是正常的和有益健康的。值得一提的是，未被合理应对的哀伤，会给人带来很多负面后果。然而人们对哀伤的处理恰恰存在很多误区，例如：认为时间会治愈一切；"男儿有泪不轻弹"；哀伤是自己的事，应该独自应对哀伤；让哀伤者为了别的人要坚强；让哀伤者"别只想着坏的方面"；建议哀伤者用新事物替代丧失的人或事物；保持忙碌，等等。在这里建议大家在面临丧失时，可以面对自己内心的悲痛，将自己内心的悲痛和伤心释放出来，比如独自在安全的环境里，或者在信任的人面前放声痛哭，把自己心里想说的话说出来，这个过程有助于人从哀伤中走出来。

（五）向死而生的积极生活态度

如果我们确知自己 24 小时后就会无法避免地死去，那么我们会继续进行着我们的“日常”，还是会做一些不让自己留有遗憾的事情呢？答案当然是后者。当我们做出这种思考时，便会对自己深陷其中的日常产生反思——我为什么会做这些事情？这对我的一生而言有多少意义呢？每个人都会死去，从出生到死亡的过程是我们生命的全部价值所在，用什么样的态度去生活，是个值得我们思考的问题。德国哲学家马丁·海德格尔在其存在论名著《存在与时间》里指出，人只要还没有亡故，就是向死的方向活着。很多人正是由于缺乏对死亡的思考才导致缺乏对生命意义的追求，于是很多人庸庸碌碌地活着，日复一日地重复着庸常的生活，各种享乐主义、拜金思想甚嚣尘上，一生追求着华而不实的虚名，成为腐朽大染缸里的颜料。向死而生是一种生活态度，会让我们思考如何有价值地过这一生，看淡各种功名利禄对我们精神上的诱惑。珍惜生命中的每分每秒，焕发出生命的积极进取意识和内在活力。通过提高生命中每分每秒的质量和长度，来提高生命的效度和目标的密度，只有这样生命的意义和价值才能在有限的时间内展现出无限的可能性。

四、临终生命关怀

临终关怀又称安宁疗护，是指向临终患者提供一种包括生理、心理、社会的全面性照料，使病人在临终前能满足身、心、灵方面的需要，生命得到尊重，生命质量得到提高，临终时能够无痛苦、安宁、温暖地走完人生的最后旅程。临终关怀是一项符合人类利益的崇高事业，对人类社会的进步具有重要的意义。临终生命关怀一般包含以下几个方面①。

（一）全面照顾

全面照顾包括家人、医疗机构的全程照顾。全人照顾，是指对病患本人施以身体、心灵、社会方面的照顾；全队照顾，是指由医院医师、护理人员、社工人员、治疗师、药剂师、营养师等所组成的医疗服务团队对临终病患施以疗护与照顾；全家照顾，是指动员病患家属所有的成员，轮流陪伴或照顾病患，使病患不致萌生被冷落感，或埋怨子孙不孝；全程照顾，是指医院医疗团队以及病患家属对于临终病患的照顾，由生到死、有始有终，绝不轻易放弃，死后遗体的处理亦遵照遗嘱、遗书或一般习俗、礼仪，慎重料理。

（二）人性关怀

罹患严重伤病的临终病患，在临终前的安宁疗护期间，心理方面最需要的莫过于人性的关怀与照顾。所谓人性的关怀与照顾，即以人的善良本性所引发的爱心、怜悯心、同情心、慈悲心、互助心等动机行为，去关怀、慰藉与照顾病患。爱心的表现，便是人性的关怀，它可以提升病患的求生勇气，促使病患敢于向病魔挑战，敢于同死亡搏斗。同时，人性的照顾

---

① 刘作揖．生死学概论［M］．新北：台湾新文京开发出版股份有限公司，2007.

可使病患的生命受尊重，不致有被冷落的感觉。

（三）减轻痛苦

罹患严重伤病的病患在住院接受疗护期间，身体上难免有不能忍受的疼痛，急盼医护人员能为其注射药物，免除或减轻其痛苦。安宁疗护的目的之一便是免除或减轻病患的痛苦，并对病患施以缓解性、支持性的医疗照顾。一旦临终病患生命危急或已无生命迹象时，亦可依据病患生前的意愿，或其家属的同意，不施行心肺复生术，而任其自然地、无痛苦地死亡。

（四）尊重意愿

临终病患大多已濒临死亡的绝境，或许他们对此早有预知，因此，他们生前常有种种意愿的表示，例如预立遗嘱、财产的遗赠、死后遗体的火化、葬礼的举行等。其合情合理的意愿应受尊重。尊重病患的意愿，等于尊重其人格、生命。

（五）缓解哀愁

人之将死，其心难免有哀愁、难舍感。因此，医院的医疗团体或病患的家属对于临终病患应尽其所能妥善照顾，设法缓解其哀愁，让其无忧无虑、安详自在地咽下最后一口气。为了缓解病患的哀愁，最好的方法便是陪伴床侧，或者与其聊天，或者倾听其陈述过去的种种往事，或者协助其静坐、祷告，或者协助其翻身、按摩等，尽量不使病患独自躺卧病房，无人陪伴、照料。

【课堂实践】

感恩是对生命给予的深刻领悟，请写下你的感恩宣言。

感恩我的父母，因为（　　　　　　　　　　　　）。

感恩我的朋友，因为（　　　　　　　　　　　　）。

感恩我的师长，因为（　　　　　　　　　　　　）。

感恩我生活中的磨难，因为（　　　　　　　　　　　　）。

感恩我现在的生活环境，因为（　　　　　　　　　　　　）。

感恩洒在我们身上的每缕阳光，感恩路人投来的每个微笑或者每个眼神，感恩一切的存在让我们体验到真实的美好，让我们以感恩的心态来面对生活中的一切幸福与苦难，享受这真实的生活过程。

【心理测试】

自杀态度调查问卷

下面列出了人们可能会有的问题，根据自己的实际情况，选择最符合的一个选项。其中，完全赞同计 1 分，赞同计 2 分，中立计 3 分，不赞同计 4 分，完全不赞同计 5 分。

1. 自杀是一种疯狂的行为。

2. 自杀死亡者应与自然死亡者享受同样的待遇。

3. 一般情况下，我不愿意和有过自杀行为的人深交。

4. 在整个自杀事件中，最痛苦的是自杀者的家属。

5. 对于身患绝症又极度痛苦的病人，可由医务人员在法律的支持下帮助病人结束生命（主动安乐死）。

6. 在处理自杀事件过程中，应该对其家属表示同情和关心，并尽可能为他们提供帮助。

7. 自杀是对人生命尊严的践踏。

8. 不应为自杀死亡者开追悼会。

9. 如果我的朋友自杀未遂，我会比以前更关心他。

10. 如果我的邻居家里有人自杀，我会逐渐疏远和他们的关系。

11. 安乐死是对人生命尊严的践踏。

12. 自杀是对家庭和社会的一种不负责任的行为。

13. 人们不应该对自杀死亡者品头论足。

14. 我对那些反复自杀者很反感，因为他们常常将自杀作为一种控制别人的手段。

15. 对于自杀，自杀者的家属在不同程度上都应负有一定的责任。

16. 假如我自己身患绝症又处于极度痛苦之中，我希望医务人员能帮助我结束自己的生命（主动安乐死）。

17. 个体为某种伟大的、超过人生命价值的目的而自杀是值得赞许的。

18. 一般情况下，我不愿去看望自杀未遂者，即使是亲人或好朋友也不例外。

19. 自杀只是一种生命现象，无所谓道德上的好与坏。

20. 自杀未遂者不值得同情。

21. 对于身患绝症又极度痛苦的病人，可不再为其进行维持生命的治疗（被动安乐死）。

22. 自杀是对亲人、朋友的背叛。

23. 人有时为了尊严和荣誉而不得不自杀。

24. 在交友时，我不太介意对方是否有过自杀行为。

25. 对自杀未遂者应给予更多的关心和帮助。

26. 当生命已无欢乐可言时，自杀是可以理解的。

27. 假如我自己身患绝症又处于极度痛苦之中，我不愿再接受维持生命的治疗。

28. 一般情况下，我不会和家中有过自杀者的人结婚。

29. 人应有选择自杀的权利。

本问卷共分 4 个维度：

（1）对自杀行为性质的认识：共 9 项，1、7、12、17、19、22、23、26、29。

（2）对自杀者的态度：共 10 项，2、3、8、9、13、14、18、20、24、25。

（3）对自杀者家属的态度：共 5 项，4、6、10、15、28。

（4）对安乐死的态度：共 5 项，5、11、16、16、21、27。

计分标准：1、3、7、8、10、11、12、14、15、18、20、22、25 选项为反向计分。计

算每个维度的条目均分，可以以 2.5 分和 3.5 分为两个分界值，将对自杀的态度划分为三种情况：2.5 分以下为对自杀者持肯定、认可、理解和宽容的态度，2.5 ~ 3.5 分为矛盾或中立态度，3.5 分以上为对自杀持反对、否定、排斥和歧视态度。

【心灵影院】

《土拨鼠之日》

《土拨鼠之日》是 1993 年上映的一部美国电影。影片讲述气象播报员菲尔每天除在摄像机前给观众做风趣幽默的天气预报之外，每年的 2 月 2 日他还要前往一个名为普照苏塔尼的边境小镇，报道当地的土拨鼠日庆典。

事实上，菲尔对这一节日相当嗤之以鼻并开始对工作感到厌倦，当他例行公事完成今年的报道后，便急不可待地想重返家园，却因为一场突如其来的暴风雪耽搁了。

第二天醒来后，菲尔意外地发现时间仍然停留在前一天土拨鼠日，昨日的一切重新上演。惊讶、不信、刺激、狂喜、烦闷、焦虑、不安、绝望、倦怠等各种情绪轮流侵占菲尔的感官，可无论他如何选择度过这一天，他都始终无法再前进一步。

电影启发我们：每天都是几乎重复的，即使稍有改变，无论选择如何度过，整体上基本雷同，如果没有改变，生活是恐惧、乏味、折磨的。真正的改变，是自己的改变，首先接受生活给予你的，然后享受生活，每天都作为美好的开始，用积极的态度、热情的爱心重新去创造生活。

【心灵书架】

《生命的重建》

作者：露易丝 · 海著，徐克茹译。

出版社：中国宇航出版社。

内容简介：《生命的重建》是誉满全球的健康观念畅销书，被誉为“生命教育经典的巨著”，译成 25 种文字，在 35 个国家和地区出版，全球销量 2000 万册。

你是否感到身心疲惫？你是否觉得有无法承受的压力？你是否经常处于亚健康状态？你是否想摆脱疾病的折磨？你是否对过去的事情无法释怀？你是否无法化解心底的怨恨？生命真的可以重建吗？

被媒体称为“圣人”的露易丝 · 海将深刻的哲理，科学的精神与博大的爱，结合自己的坎坷经历，以浅显生动的语言娓娓道来，如清泉敏滋润每个人的心灵。

正如戴夫 · 布朗的评价：“露易丝的书是上天送给这个烦恼世界的礼物，被全世界读者誉为人类身心健康的圣品。露易丝 · 海在书中为我们揭示了追求身心和谐的心理模式，从而开辟了重建和谐生命的完美道路。”

本书出版后，露易丝 · 海所倡导的“整体健康”观念旋风般席卷了全世界。

本书创造了《纽约时报》畅销书排行榜 50 周首名的骄人纪录。

第十一章　心理危机与危机干预

【学习目标】

1. 学会心理危机的概念，学会识别与判断心理危机的信号。
2. 掌握识别自杀心理危机的相关知识。
3. 学习危机干预的基本原则及步骤。
4. 妥善处理自身或他人的心理危机。

【课前活动】

如果你的好朋友沉浸在失恋的痛苦中无法自拔，整日以泪洗面，精神萎靡恍惚，突然将他非常重要的东西托你保管，拜托你在他不方便的时候替他照顾父母。你会有怎样的判断？会怎么做？

【案例故事1】

临近春节，一场突如其来的新冠病毒疫情把小明留在了武汉的出租屋里，他只有10个口罩，跟大家一样去超市疯狂采购完生活物资后，就开始了隔离的日子。他尽量节省食物以便减少外出采购的次数，除了每日视频跟家人报个平安，他几乎一整天都在刷着手机。看着铺天盖地的各种疫情信息，他感到越来越紧张。他不敢出门扔垃圾，担心感染病毒，于是生活垃圾越来越多，散发出的异味让他烦躁又焦虑，实在没法忍受时他带了5层口罩下楼扔了垃圾，可是回来后就坐立不安，总觉得身上、头发上粘了病毒，洗了3遍澡还是不放心，后来干脆在屋子里也戴上了口罩。也不知是嗓子干还是怎么回事，他咳嗽了两声，这下可把他吓坏了，他开始反复量体温，总觉得上不来气，他怀疑自己感染了病毒，不敢在视频里跟家人说，他开始整夜的失眠，做噩梦，心情低落，看到微博上有人发出求救的帖子，他感到无比绝望，经常流泪。在他朋友的再三劝慰下，他终于拨通了心理援助热线。原来他是出现了心理危机应激反应和替代性创伤，通过咨询他了解到这是一种正常的反应，大家都会有，心理一下子就轻松了不少，后来经过热线咨询师的支持和陪伴，重新找回了对生活的掌控感，增加了对抗疫情的信心。

【案例故事2】

美美，正如她的名字一样，是个漂亮的女孩儿，她身材高挑，能歌善舞，经常参加比赛，在学校很有名气，她的梦想是毕业后当个专业模特。可是一场车祸粉碎了她所有的梦，她的脸和腿受了严重的伤，留下了伤疤，走路也有点跛脚。她感到异常痛苦，出院后也拒绝去上学，整天把自己关在屋子里，看到镜子里的自己就发疯似的把镜子、电脑都砸了，还有曾经的舞鞋、奖杯也让她给毁了。家里人轮番劝慰也无济于事，她的妈妈也因为心力交瘁，在有一次陪着她哭的时候突然晕倒被送进了医院。看着一家人被自己折腾得身心疲惫，美美感觉自己活着就是个累赘，毫无价值，无比内疚。妈妈住院期间，她精心照顾，每天嘱咐了又嘱咐，突然变得十分乖巧，家里人都非常欣慰和开心，以为美美终于接受了现实。没想到在妈妈出院一周后的一个深夜，她留下了一封遗书，第二天在离家不远的湖里找到了她的尸体。一个鲜活的生命就这样陨落了，同时带走了父母的幸福和希望，留给家人的是永远无法磨灭的伤痛。

一、心理危机的识别

（一）什么是心理危机

1954 年，美国心理学家卡普兰首次定义了心理危机的概念。心理危机是指个体在遇到突发事件或面临重大挫折和困难，当事人既不能回避又无法用自己的资源和应激方式解决时所出现的心理失衡反应。一般而言，危机有两个含义：一是指突发事件，也称危机事件，即没有准备的自然灾害、事故灾难、公共卫生事件、社会安全事件等；二是指当事人处在紧急状态时原有的心理平衡状态被打破，正常的生活受到干扰，内心的紧张不断积蓄，继而出现无所适从甚至思维和行为的紊乱，而进入的一种失衡状态，通常表现为极度恐慌、紧张、苦恼、焦虑、忧郁，甚至产生轻生的意念。

（二）界定心理危机的三项标准

（1）存在具有重大心理影响的危机事件。

（2）引起急性情绪混乱或者认知、躯体、行为等方面的改变，导致当事人主观痛苦，但是又不符合任何精神疾病的诊断。

（3）当事人用以前解决问题的方法不能应付或应付无效，导致当事人心理、情感、行为等方面的功能水平较危机事件发生前降低。

以上 3 个要素都具备时，才构成心理危机。也就是说，即使遭遇了重大的事件，但只要能有效应对，就不至于导致心理危机。

（三）如何识别心理危机

当个体面对危机时会产生一系列身心反应，主要表现在生理上、情绪上、认知上和行为上，如表 11 – 1 所示。

表 11－1　面对危机的反应

情绪反应	认知反应
害怕、焦虑、恐惧、怀疑、不信任、沮丧、抑郁、悲伤、易怒、绝望、无助、麻木、否认、孤独、紧张、不安、烦躁、自责、过分敏感或警觉、无法放松等。在这方面常见的特征是极度的悲伤、痛心、绝望	注意力不集中、缺乏自信、无法做决定、健忘、效能降低、不能把思想从危机事件上转移等。在这种情况下的个体在认知上会表现得很无助，会认为面对如此情景，无论采用什么方法和手段都是没有用的，无论谁也无法摆脱这种情况
行为反应	生理反应
社交退缩、害怕见人、逃避、暴饮暴食、自责或怪罪他人、不易信任他人，并有假装适应的反应。假装适应的人很少主动寻求帮助。还有些人由突发事件而引起的危机反应是对他人进行攻击。另一些人则是自我毁灭式的，例如疯狂地驾驶、醉酒等	肠胃不适、腹泻、食欲下降、头痛、疲乏、失眠、做噩梦、容易受到惊吓、感觉呼吸困难、哽塞感、肌肉紧张等。较常见的特征是周期性或持续性的颤抖，长期心烦意乱或心不在焉，极端不安和精神恍惚、精神错乱

心理危机引发的失衡状态并不是永久的，一般持续时长为 6～8 周。一旦产生了心理危机，由于个体处理能力和技巧、获取支持和危机程度的不同，危机的发展结局也不同。一般而言，会产生以下 4 种结局。

（1）最佳的结局应当是危机被顺利化解 ，当事人提升了自身心理水平。

（2）当事人度过此次危机，却在心理或生理上留下创伤印记，对于今后的社会生活存在一定的影响，且依然需要长期跟踪观察、支持与疏导。

（3）当事人没能够渡过危机，产生神经症或精神病症，且随时有可能产生新的心理危机。

（4）当事人无法承受心理危机，选择自毁或者伤害别人的行为，甚至主动放弃生命。

由上可见，心理危机的出现并不可怕，可怕的是无法妥善应对心理危机，让心理危机的危险程度愈演愈烈，甚至选择极度痛苦的自杀行为。

（四）心理危机的自我调节

在危机事件面前，每个人都是自己心理健康的第一责任人，我们需要了解自己并掌握一些基本调节的方法，如表 11－2 所示。

表 11－2　心理危机的自我调节

认知调节	情绪调节	行为调节
了解危机事件的相关知识； 改变自己非理性的想法； 与自我正面对话； 转移注意力； 思考和寻找生命的意义	接纳自己的负面情绪； 表达和倾诉自己的感受； 深呼吸； 肌肉放松； 静下来，如冥想瑜伽	充分地休息； 正常健康地饮食； 多与朋友家人保持联系； 维持日常生活习惯节奏

二、大学生自杀心理危机

世界卫生组织2019年提供的数据显示，全球每年大约有80万人死于自杀，多于战争和凶杀致死人数的总和。近年来，大学生自杀行为层出不穷，给国家、社会及其家庭带来重创。高校学生的自杀心理危机不是单一因素造成的，是个体因素、家庭因素、社会因素以及重大灾难性事件引发的创伤后应激障碍、精神疾病等多方面因素共同作用的结果。自杀者并不都是孱弱之人，而是当一个人面对困难情境，他现有的资源无法让他应对，即他必须面对的困难情境超过了他的应对能力时，选择的一种退缩行为。个体心理学派的阿德勒认为，人在面临困难时，最彻底的退缩表现就是自杀。自杀者对改善自己的情绪感觉无能为力时，会把自杀作为一种责备或报复手段。因此，在大部分自杀案例中，我们总能发现，自杀者会把他的死归咎于某一人，仿佛在说：是你把我逼上了绝路！自杀与心理危机关系密切，自杀是个体应对心理危机的一种方式，他们认为自杀是唯一能解决的方法。可是，死真能解决问题吗？自杀者无非是把痛苦的担子丢给了家人、亲朋以及那些爱他们的人。

（一）自杀行为发展的三个阶段

自杀是一个心理过程，心理危机并不一定导致自杀，但自杀必然经历一个心理危机逐步恶化的过程。一般经历以下三个阶段。

第一阶段：刺激源诱发心理危机，当感觉无力对抗时，自杀意念开始出现。自杀仅被当成一种解决问题的方法或手段，犹豫不决，如矛盾没有缓解，就进入第二阶段。

第二阶段：当事人以谈论自杀、死亡日记、表露出厌世等反常语言和行为暗示要自杀并向周围环境求助。如果求助者没有得到积极的回应，那么他的自杀意念则会更加坚定，态度反而会稳定下来。表面上看危机似乎已过去，但实际上，这预示着自杀行为的即将发生。

第三阶段：在反复思考自杀方式和过程后，最终实施自杀。

（二）读懂自杀求救信号

有自杀倾向的大学生一般具有以下特征：自杀是心理危机的极端表现，很多人自杀前通常会有意无意向外界发出求救信号。有相当一部分自杀者在无意识地发出求救信号后没有引起重视，甚至遭到嘲笑或被置若罔闻。其实，只要有人发现其自杀倾向并及时干预，自杀企图付诸实施的可能性及其最终死亡率就会大幅下降。因此，对自杀的发现及自杀信号的识别非常重要。

一般来说，可以从以下几个方面进行观察。①②

（1）具有明显外部精神因素的刺激者，如突然遭受打击、重大丧失、失恋等，导致情绪低落、悲观抑郁。

---

① 段鑫星，程婧．大学生心理危机干预［M］．北京：科学出版社，2006.

② 马建青，等．大学生心理危机干预的理论与实务［M］．杭州：杭州出版社，2011.

（2）个性有忽然的改变。如性格变得越来越糟糕甚至反常，一个沉默的人忽然变得滔滔不绝，一个冷漠的人忽然变得热情。个性急剧改变的情形尤其应当引起足够重视。

（3）谈论过自杀，并考虑过自杀方法或过去曾经有过自杀企图或行为者，包括在邮件、日记或乱涂乱画的只言片语中流露出死亡念头。如常说“活着真没有意思”“我的事谁也解决不了”“没有人理解我”“我感觉压力很大”“我真的不想活了”“我活不下去了”等类似语言，既是自杀企图的表示，也是求助信号。

（4）写过有关自杀的诗或文字。如有的个体通过写遗书、留便条给自己远方的朋友或亲人，请同学转交书信，这些文字信息的表达既是对内心挣扎的表述，也是积极寻求社会支持的求救信息。

（5）饮食与睡眠习惯突然改变。比如，暴饮暴食或茶水不进、忽然嗜睡或彻夜难眠等，这些生活规律的改变都是内心冲突与变化的躯体反应，应当引起重视。

（6）成绩下降，逃课或者离校出走。当问题困难到难以解决时，有些学生可能会选择逃避与退缩，最常用的方法就是逃课和离校出走，逃避现实而不寻求解决方法。

（7）不明原因突然给同学或朋友或家人送礼物、请客、赔礼道歉、述说告别的话等。这类个体的异常行为表现必须引起足够重视。很多情况下，我们会忽视这些信号，甚至认为是在开玩笑。

（8）长期受抑郁症困扰的个体。特别是有家族抑郁病史的个体，更容易受抑郁症的侵袭，这种痛苦常常是不为常人所感知的。

（9）行为和情绪突然明显异常。如特别烦躁、焦虑、恐惧，或异常低落、突然从低落变为平静、言语突然变多或变少、饮食与睡眠受到严重影响、自虐等。

当个体出现以上方面或多方面的行为变化时，周围的人需要予以高度重视，加以严密监控并主动开展干预，特别是对曾有自杀史的个体，监控应更严密。

（三）对自杀的常见误解

1. 谈论自杀的人不会真去死

事实上，几乎所有自杀或尝试过自杀的人都曾流露过自杀倾向。这其中的确有以自杀来威胁别人的情况，但向人吐露自杀念头本身就是一个矛盾冲突的表现，必须给予关注。

2. 自杀是无法预知的

大部分自杀者都有一些信号，有的是求助，有的是矛盾和犹豫。比如，浏览有自杀内容的网站，开自杀方面的玩笑，有强烈的自责感或自罪感，觉得自己不配活在世上。有的是作出最后的安排，如跟好友道别、兑现承诺等。

3. 微不足道的小事不会引起自杀

除了少数冲动型自杀案例，多数因小事自杀者，事前都有积累的问题。小事只是一个“扳机”的作用，是压死骆驼的最后一根稻草。

4. 一般人不会有自杀的念头

事实上 30% ~50% 的成年人在遇到困境的时候都曾有过一次或多次的自杀念头。对于性格健康、家庭关系良好的人，自杀意念可能只是一闪而过，而性格或精神卫生状况存在问题的人，在缺乏社会支持时，自杀念头就有可能发展为自杀行为。

5. 当情绪状况缓和了，自杀的危险就降低了

这种情况不确定，有可能是第二阶段的反应，所以任何时候对曾有过自杀想法的人都不能掉以轻心。

6. 试图自杀者不需要精神病学的帮助

调查表明，西方的自杀者90%以上有精神疾病，中国的自杀者有60%以上有精神疾病，所以，无论何时，都要对有自杀风险者进行精神疾病的评估和诊断。

7. 谈论自杀会诱导有轻生想法的人自杀

事实上，受自杀困扰的人往往愿意别人与他交谈，听他诉说对自杀的感受。对怀疑有自杀企图的人，我们应明确地询问他是否有自杀想法及自杀计划等，要问得仔细深入，直到得到一个肯定的结论。这有助于专业人员及时地对其进行自杀危机干预。

8. 应以合理的辩论和说理使当事人明白并放弃自杀企图

处在心理危机状态中，说教是没有用的，甚至会激起当事人的反感情绪，危机干预者应该把注意力放在理解当事人的感受上，倾听对方，承认对方的想法和感受，不去反驳。

三、危机干预

近年来，大学生自杀率呈上升趋势，一些大学生在最绝望的时刻选择了“一了百了”。研究表明，一个有自杀想法的人熬过了最痛苦的两周后往往都会放弃自杀。大量的危机干预经历表示，自杀的征兆可以从言语线索、行为线索和情绪线索上觉察。如果我们发现身边的人或觉察到自己有了自杀危机的倾向，那么我们能为他人和自己做些什么呢？

（一）什么是危机干预

危机干预指对处在心理危机状态下的个人采取明确有效措施，使之最终战胜危机，恢复心理平衡，重新适应生活。

危机干预的目标是让个体得到对现状的把握，对危机事件产生新的认识，以及学到对未来可能遇到的危机有更好的应对策略与手段。

（二）自杀危机干预原则

（1）生命第一原则：发现危机情况后，应以人为本，立即采取保护措施，安排专人对干预对象进行监护，最大限度地保护当事人的人身安全。

（2）及时、迅速原则：危机干预强调现有危机的立刻解决，不涉及当事人人格问题的矫正。

（3）亲属参与原则：实施自杀危机干预时，以最快的速度通知当事人的亲属或单位，使其亲友能及时参与危机干预中来。

（4）尊重保密原则：要尊重当事人的隐私，相关人员不得将当事人的信息扩散给与事件无关者，以避免当事人回归正常社会生活时产生心理障碍。

（三）如何帮助有自杀风险的同学

1. 确定问题

如果发现身边同学发出了自杀暗示或求救信号，可以关切地询问，如：最近是不是有不开心的事？有什么事困扰着你吗？看得出你很难过，愿意跟我说说吗？看到你朋友圈发的信息似乎有轻生的念头……不要担心讨论自杀会诱发其自杀，可以问得详细一些，以便作出风险等级评估。如果对方愿意说，要运用共情的技巧去倾听，接纳和理解对方的想法和感受，不要忙于纠正和评价，更不要讲大道理。即使对方不愿意直接回答，也可以通过他的反应作出一些判断。

2. 保证安全

避免处于自杀危机中的人有独处的机会。如自杀风险较高，应立即消除死亡危险，设法引导对方走到或待在安全的地方，避免其站在马路中央、高处、阳台等危险地方，并设法去除导致死亡的物品，如绳子、刀具、尖锐物体、安眠药等，设法稳定当事人的情绪。

3. 给予支持

最重要的就是倾听对方，承认对方的想法和感受，不反驳对方，不对其想法和感受作评价。例如：我虽然不能完全体会，但是我能感受得到你很痛苦；我知道你不想这样。而不是否认对方和劝说：你为了他不值得的……另外，这个阶段表达对对方的关心也是给予支持的一种形式。

4. 寻求外界帮助

如果对方已经表现出明确的自杀愿望或明显的异常心理，不要试图帮其隐瞒，应及时建议或陪同其寻求医疗机构和心理援助中心的评估与帮助，也可请专业的心理咨询师帮助处理。如情况紧急，对方试图做出危及生命安全的行为，请立即联系辅导员或心理中心老师，在老师到来前保持冷静，安抚其情绪，做好陪伴和看护，切不可让其独处。如对方行为非常激烈，要立即联系保卫处、警察以及你能想到的紧急协助机构。

四、心理危机的自我预防

据国外研究显示，90%以上的自杀是由于罹患精神障碍造成的。罹患精神障碍的人群中，患有抑郁症的人自杀率排第一位。抑郁症是大学生常见的一种心理疾病。抑郁症和抑郁情绪不是一回事，不要因为一时的情绪低落就认为自己患了抑郁症。抑郁症有一定的诊断标准，不能随便对号入座。符合下列症状标准至少持续2周以上且自我调节无效时，应该到专科医院进行诊断。

（一）抑郁症的诊断标准

在《中国精神障碍分类与诊断标准（第三版)》中抑郁发作的诊断如下：抑郁发作以心境低落为主，与其处境不相称，可以从闷闷不乐到悲痛欲绝，甚至发生木僵。严重者可出现幻觉、妄想等精神病性症状，某些病例的焦虑与运动性激越很显著。如表 11－3 所示。

表 11－3　抑郁发作标准

项目	内容
症状标准	以心境低落为主，并至少有以下 4 项： 1. 兴趣丧失、无愉悦感； 2. 精力减退或疲乏感； 3. 精神运动性迟滞或激越； 4. 自我评价过低、自责或有内疚感； 5. 联想困难或自觉思考能力下降； 6. 反复出现想死的念头或有自杀、自伤行为； 7. 睡眠障碍，如失眠、早醒或睡眠过多； 8. 食欲降低或体重明显减轻； 9. 性欲减退
严重标准	社会功能受损，给本人造成痛苦或不良后果
病程标准	1. 符合症状标准和严重标准至少已持续 2 周； 2. 可存在某些分裂性症状，但不符合分裂症的诊断。若同时符合分裂症的症状标准，在分裂症状缓冲后，满足抑郁发作标准至少 2 周
排除标准	排除器质性精神障碍或精神活性物质和非成瘾物质所致抑郁
说明：本抑郁发作标准仅适用于单次发作的诊断	

（二）对抑郁症常见的错误认知

很多人对抑郁症存在错误的认识。有人认为得了抑郁症是可耻的，害怕被同学、老师知道。其实抑郁症跟感冒一样，是一种常见的心理疾病，并不可耻，也不会受到歧视。还有人认为只要抗一抗就会过去，药物副作用大，会产生依赖，能不吃就不吃，于是不寻求帮助或不遵医嘱，感觉症状严重了才吃药，稍有好转就停药，这往往耽误了治疗的最佳时机，使症状反复，加重心理负担和病情。

人人都可能患抑郁症，抑郁症并不可怕，也不可耻。相反，抑郁症患者往往都有较强的上进心，只要积极求助，配合治疗，大部分是可以治愈的。在抑郁症的治疗中，药物发挥着重要作用，再配合心理治疗能够取得较好的疗效，因此，服药要遵医嘱，这样可以降低复发率，不可擅自调整药量或停药。

（三）心理危机的自我预防

1. 健康生活，提升心理素质

不少大学生因为生活、学习等压力大，经常熬夜、不按时吃饭，过度消耗自己的健康，导致情绪、认知功能紊乱。另外心理素质差也是产生陷入心理危机和自杀危机的最直接内在动因。因此在保证健康生活的同时，要积极关注自身心理健康，掌握心理健康知识，积极提升心理素质，尤其要培养自己抗挫折能力和对情绪的调控能力。

2. 积极建立社会支持系统

人生不可能一帆风顺，当我们面临挫折和困境时，一个成熟的社会支持系统可以给予我们莫大的帮助。因此大学生一定要意识到人际关系的重要性，掌握“倾听”和“倾诉”的技能，建立起有一定规模、密度的支持系统。

3. 善用心理咨询资源，及时求助

许多大学生认为去做心理咨询就证明自己有病，是件不光彩的事，于是倾向于“自我消化”，这是个误区。心理咨询不等同于心理治疗，心理咨询的工作对象是健康人群或存在心理问题人群。心理咨询不是劝慰说教，心理咨询不能解决事件本身，它是心理咨询师运用心理学知识通过跟来访者共同探讨，帮助其找出引发心理问题的原因，分析问题的症结，进而寻求摆脱困境的对策，以便恢复心理平衡、提高对环境的适应能力。因此，心理咨询是助人自助的过程。独立解决问题固然是一项优秀特质，但学会求助也是智者的行为，尤其在面临自杀危机时，大学生应及时向心理咨询专业人员寻求帮助。

【拓展阅读】

如何疗愈心理创伤①

1. 省察过去的伤痕

首先，我们应当学习不再把手指指向别人，认为都是别人害得我们变成今天的境况。心灵治疗的第一个步骤就是“自我省察”，了解自己在成长历程中曾发生的事，并用现在的眼光去检视。

从心理学的角度来看，使一个人特别愤怒或过度受伤的“情绪过激”反应，通常与小时候的原生家庭有关。

人要学习用现在的、较成熟的、更客观的立场审视过去所发生的事情。如果你的父亲曾对你很绝情，试着从新的角度来看，你可能会了解原来父亲也是不得已的，或者他只不过是不小心讲了一句话，对你的伤害没有那么真实、那么深。除非你能重新探索，否则很难从中解脱出来。纵使父亲对你的伤害是有意的，心灵探索与医治也能减轻伤害，帮助你接受别人的缺点，学会设身处地，找到父亲那样做的理由，进而饶恕他。孩子的承受力不够，遭遇一些事情时，有时会造成很深的伤害，但我们若能以成人的眼光追溯当时的情况，伤口也就没

① 王祥君，等. 大学生心理卫生与发展［M］. 重庆：重庆出版社，2019.

那么大了，这也正是为什么回顾心理历程很重要。

2. 了解自我防卫的三种形态

人际互动时，有三种自我防卫的形态。了解这三种形态，分析自己属于哪一种，然后清楚地知道问题出在哪里。

第一种是“讨好型”，以“讨好人”来保护自己。这种人总是笑嘻的，保护自己的方式就是甜言蜜语，主动上前和人握手、打招呼，用“只要我乖，人就爱我”的内在誓言，希望天下所有人都爱他。但若是一直采用同一种方式面对问题而没有弹性时，就会出现状况。每个人应该不断成长，学习用更成熟的心态与方法去解决问题。

第二种是“攻击型”，在人还没有指责他之前，先凶狠地指责别人，与每个人保持距离。用这种方法可以隐藏自己的软弱，不轻易被人刺伤，但付出的代价太大了，因为他内心其实很需要爱，却用攻击的态度拒人于千里之外。

第三种是“隔离型”，既不攻击也不讨好别人，只是把自己隐藏起来，保持遥远的距离，冷眼旁观。有的人是“电脑型”，凡事用逻辑分析，过度运用理性，以隔离感情的方式保护自己，不和别人互动，也不把心事告诉别人，似乎离群索居，很难与人深交。有的人是“小丑型”，虽然表面上嬉皮笑脸，却从不开放自己的内心世界，他可以把你逗得哈哈笑，可是根本不与你分享心事。如此一来，虽达到保护自己的目的，但享受不到与人心灵相契的喜乐。

3. 写情绪日记能更了解自己

除了解上述基本的心理防卫方式之外，我们还可以多看书，多听有关人际、心理方面的演讲，也可借情绪日记与生命线分析，更深入了解自己的情绪及与他人之间的心理互动。尝试写“情绪日记”，仔细思索生活中到底有哪些事会让你有情绪过激的反应，把这类事情记录下来，对于自己的成长、心理复健很有帮助。

如果我们没有勇气去面对过去一些痛苦的经历，一味地压抑自己受伤的情绪，反而会变成这些情绪的奴仆并受其控制。极力压抑、否认这些情绪，往往会在意想不到的时间、场合，以更大的强度爆发出来。因此，我们要常常自省，学习了解情绪、处理情绪。当我们处于情绪过激的危机状态时，正是我们重新学习的最好机会，这个即时反省的过程，可以帮助我们更深入了解潜意识中种种的心理运作。所以不要轻易放弃，反而该趁机努力一点一滴地记录下来，借着情绪日记，可以帮助我们省察、思考。

4. 运用生命线回溯过去

追溯记忆中悲伤或快乐的事件和过去的家庭历史，可以做生命线的分析或心理历史的分析，方法如下：在纸上画一条横线，左端写零岁，右端是现在的年龄，线的上方记录生命中较喜乐、有建设性的事件，下方则写下曾受伤害的历史事件。譬如你记得在4岁时全家出去玩非常愉快，那么就在线上写个“4”，然后把这个美好的回忆记在“4”的上方。7岁时，因为数学没学好被爸爸打了一顿，这个负面的经历就写在“7”的下面。

5. 找到一个安全的人保守秘密

情绪性或经验性上的学习远胜过只在知识性上的学习。当你在回顾时，身旁最好有个安全的人，这个人是很了解你的朋友，也是可以让你做真正自己的人。有时最亲密的人未必是最安全的人，因此要寻找可以帮你守密，也不会因你谈了某些深入的问题，而对你产生异样看法的人。同时，你也要自问能不能成为那个有恩慈、多倾听、少论断的人。当我们能真正倾听、接纳、了解彼此时，便在其中获得医治。而这种心灵相契、具矫正性的情绪治疗经验，是心灵医治过程中最重要的一环。

当我们用现在更大、更远、更成熟的眼光去检视昔日的伤痛，那些破坏的魔力才能消失、减少。多年前一个小孩所无法承受的苦痛，经过这些年的学习及智慧的长进再重新面对，会比较有能力解决当时的困难。

在心理回顾的过程中，如果所探索的只是些小小的不愉快，可以自己进行，若是比较大的伤害，譬如性侵害，就需要找受过专业训练的人来协助。这些人不但能保密，更了解医治的过程，知道如何去照顾、处理，帮人抚平创伤。

术业有专攻，不管是修理车辆、驾驶飞机，任何专才都必须经过长期学科、术科的训练，更何况是人生中最重要的婚姻与家庭？我们也要经过学习才能成为好父亲、好母亲、好子女，而心理治疗就是一个“个别化”的教育课程，教导一个人认识自我，了解自己和别人的情绪。

6. 改变生命密码，重塑自我

过去深沉的创伤，需要借着专业辅导帮助你走出伤痛，找到适当的支持团体，有人同行便不觉得那么孤单，也更有力量面对难题。也许我失败之处是别人曾经历过的，别人成功的经验可以帮助我，以此相互打气、扶持。

生命的列车呼啸而过，我们要经常检查心灵，以前有用，现在和将来却再也用不上的处理问题方式，都要以新换旧。

【小贴士】

可以求助的专业资源

北京回龙观医院心理危机干预热线：800－810－1117

北京危机干预中心热线：（010）82951332

上海市心理援助公益热线：021－12320－5

北京协和启迪心理治疗咨询中心救助热线：（010）65132928

南京生命求助热线：（025）86528082

杭州心理研究与干预中心救助热线：（0571）85029595

武汉市精神卫生中心危机干预中心救助热线：（027）85844666

深圳心理危机干预热线：（0755）25629459

广州市心理危机干预中心热线：（020）81899120

天津市心理危机干预热线：（022）96051199

四川省心理危机干预中心热线：（028）87577510、87528604

重庆市心理危机干预中心热线：（023）66699199、66699299

青岛市心理危机干预中心自杀干预热线：（0532）85659516

石家庄心理危机干预热线：（0311）85262387

【课堂活动】

生命之杯

一只小的玻璃杯也暗藏着生命的哲学。生命犹如玻璃杯，唯有细心呵护才不会破碎；生命犹如玻璃杯，既可以盛蜂蜜糖水，也可以盛苦口良药。你是否也有这样一只属于自己的生命玻璃杯，里面盛满心扉思绪，告诉你如何勇敢生活、积极探寻生命的意义？

活动目标：鼓励学生分享快乐，勇于袒露烦恼。指导学生之间互相分担、互为支撑，关爱自身与他人的心理健康。

活动步骤：

（1）每个同学拿出一张 A4 大小的白纸。首先画一只玻璃杯，然后在玻璃杯里面分别画出“微笑水滴”和“难过水滴”，每一个水滴代表你近期的一种心情。

（2）在玻璃杯的左右两边，分别简单写出每个“微笑水滴”和“难过水滴”代表的事情。可以在纸张上署名，也可以选择匿名。

（3）老师把所有的玻璃杯收上来进行“大洗牌”，再分发给每一个学生。每个人都获得了一只别人的玻璃杯。

（4）同学们先以小组为单位，分享自己手中的玻璃杯，为每个“微笑水滴”表达欣赏与祝贺，为每个“难过水滴”提出解答烦恼的办法。

（5）每个小组选出一名代表进行发言，分享本组收到的玻璃杯包含的快乐与烦恼，说出如何应对“难过水滴”。

（6）全班范围内进行总结，归纳普遍的快乐与烦恼。

【心理测试】

抑郁自评量表

抑郁自评量表（Self－Rating Depression Scale，SDS）内含 20 个项目，按照 4 级分级进行评分，能直观地反映测试者的抑郁倾向和抑郁程度。请花 10 分钟，仔细阅读每一条项目，按照自己最近一周以来的实际情况，在适当的方格里画一个勾。最后进行分值比对，以此更好地了解自己的心理状态（见表 11－4）。

表 11－4　抑郁自测量表

测量项目内容	偶尔（A）	有时（B）	经常（C）	持续（D）
1. 我觉得闷闷不乐，情绪低沉				
2. 我觉得一天之中早晨最好				
3. 我一阵阵地哭出来或者想哭				
4. 我晚上睡眠不好				

续表

测量项目内容	偶尔（A）	有时（B）	经常（C）	持续（D）
5. 我的胃口跟以前一样				
6. 我跟异性交往时像以前一样开心				
7. 我发现自己体重下降				
8. 我有便秘的烦恼				
9. 我的心跳比平时快				
10. 我无缘无故感到疲劳				
11. 我的头脑像往常一样清楚				
12. 我觉得经常做的事情并没有困难				
13. 我感到不安，心情难以平静				
14. 我对未来抱有希望				
15. 我比以前更容易生气激动				
16. 我觉得决定什么事很容易				
17. 我觉得自己是个有用的人，有人需要我				
18. 我的生活过得很有意思				
19. 假如我死了，别人会过得更好				
20. 平常感兴趣的事情我照样感兴趣				

计分：

（1）正向计分题 A、B、C、D 按 1、2、3、4 分计；

（2）反向计分题 A、B、C、D 按 4、3、2、1 分计；

（3）反向计分题题号为 2、5、6、11、12、14、16、17、18、20，其余为正向计分题。

结果解释：

（1）请算出总分并乘以 1.25 取整数，即得到自己的分数。

（2）按照中国常模，SDS 标准分的分界值为 53 分，其中 53～62 为轻度抑郁，63～72 为中度抑郁，72 以上为重度抑郁，低于 53 分属于正常群体。

建议：此问卷仅用于判断简单的抑郁情绪，请勿对号入座，不要随便给自己扣上抑郁症的帽子，抑郁症的诊断需要到专科医院进行。

【心灵书架】

《活出生命的意义》

作者：维克多·弗兰克尔著，吕娜译。

出版社：华夏出版社。

内容简介：著名心理学家弗兰克尔是20世纪的一个奇迹。纳粹时期，作为犹太人，他的全家都被关进了奥斯威辛集中营，他的父母、妻子、哥哥，全都死于毒气室中，只有他和妹妹幸存。弗兰克尔不但超越了这炼狱般的痛苦，更将自己的经验与学术结合，开创了意义疗法，替人们找到绝处再生的意义，也留下了人性史上最富光彩的见证。本书教会人们面对无法承受的痛苦时，如何不放弃，坚强地活出自己。

第十二章　大学生涯规划与生活设计

【学习目标】

1. 了解职业生涯的相关知识。

2. 了解大学生在职业生涯规划的主要问题。

3. 掌握大学生职业生涯规划设计。

【课前讨论】

现在的你已经度过了一段大学生活，你感受到的大学怎么样？是茫（然）、忙（碌）、盲（目）？还是“兴味索然”“不过如此”呢？你是否处于一种类似“后马拉松候症群”（经过高难度的挑战后如果没有新的目标，就会处于一种怠惰无聊的状态）的状态？

想一想，你将来准备从事什么样的职业？你能否在职业发展中实现自己的人生价值？

【案例故事1】

小峰跟大多数学生一样，对大学生活充满了期待和想象，正如他刚入学时说的“好容易把高中三年熬完了，终于可以补一补落下的电影，玩一玩惦记已久的网游，自由地安排自己的时间，最重要的是要谈一场轰轰烈烈的恋爱”。大学时光他也的确是这样度过的。转眼到了毕业季，在面试做自我介绍时，他这样介绍自己的长处：我有较强的沟通能力、组织能力、学习能力和团队合作能力。面试官让他举些例子来说明自己有这些较强的能力，他一时语塞。面试官让他说说大学里最有成就感的事，他想了半天，除了游戏打到了黄金战士实在想不出别的。面试官又问了他有什么专业方面的实践以及社会实践等，他的回答都是支支吾吾的，自己都觉得不好意思。面试结果可想而知。在接下来的面试里结果都差不多。小峰心情特别糟，心想难道念了几年大学要去送外卖吗？小峰开始焦虑，心情很差，每天打电话跟外地的女友诉苦。开始时女友还总是安慰他，时间久了除了诉苦两人的共同语言越来越少，女友毕业后去了外地，很快找到了工作，经常以工作忙为由不回小峰的信息。终于有一天他收到了女友的分手短信，大致意思是上学时眼界太窄也不懂爱情，现在觉得两人并不合适。这对小峰的打击很大，可想想连自己都养不活的人能给对方带来什么呢？他开始恨自己没用，白白浪费了大学时期宝贵的时间和精力。

【案例故事2】

小杨是一名工商管理专业的学生，生长在普通工人家庭的他深知生活的艰辛，也非常清楚作为工人的父母是没有能力给自己找工作的，为此，小杨在刚上大学时就开始考虑自己未来的职业发展问题。

三年的大学生活中，小杨先后在辩论协会和管理社团两个学生社团担任骨干，组织、参加了很多活动；在抓紧本专业学习的同时，他从大二就开始辅修计算机专业课程，并取得了辅修专业的结业证书；在政治上小杨也积极向上，刚上大二就入了党，并从大三开始担任本专业的学生党支部副书记。进入大三后，小杨在积极复习准备专升本考试的同时，也做着就业的准备。虽然他没有在搜集信息、准备简历上花费太多精力，但是由于善于寻找方法，因此他的收获并不比其他同学少。结果，小杨的专升本成绩总分很高，但是英语却没过关。他分析自己的家庭条件后，放弃了继续深造的念头，开始分析几个单位给自己的回函。小杨大学三年的努力终于得到了回报，在很多同学还没有得到面试机会的时候，他就已经有四家单位通知他去面试。由于小杨综合素质出色，面试的结果非常乐观，几家单位都愿意与他签约。在经过认真比较和仔细斟酌之后，他终于选择了一份自己满意的工作。

人生在世，谁都想成就一番事业。然而，并非人人都能如愿以偿。问题何在？人只有干自己喜欢并擅长的事才能取得成就获得价值感。你喜欢做什么？适合做什么？能为此做哪些准备和努力？只有认真清晰地回答了以上的问题，人生才有目标，努力才有方向。否则很有可能虚度光阴，一事无成。这些问题都是职业生涯规划要探讨的问题。学习职业生涯规划的基本理论和方法，将有助于你科学地规划自己，更好地准备自己，使你在大学的学习目标更明确，在今后的职业生涯发展上更成功。

一、大学生职业生涯规划

（一）职业生涯的含义

职业生涯是一个人一生所有与职业相连的行为与活动以及相关的态度、价值观、愿望等连续性经历的过程，也是一个人一生中职业、职位的变迁及职业目标的实现过程。简单地说，一个人职业发展的状态、过程及结果构成了个人的职业生涯。

职业生涯不是一般人所说的求职和找工作。对于职业生涯的内涵，美国职业生涯指导协会在 1973 年做了明确的说明。

1. 职业生涯的选择方式多种多样

职业生涯无所谓好坏，每个人都应该根据自己的特点选择最适合的职业。一个人为了得到更好的发展，会通过多种多样的方式对职业生涯发展道路进行选择，但无论采取什么方式，人都要勇于承担自己职业生涯发展的职责。

2. 职业生涯是一个多次的、不断选择的过程

从中学起，一个人就开始面临毕业后的多种选择：接受高等教育、职业培训或直接就业。在每个选择过程中，个人兴趣、能力和价值观都有着重要的影响。此外，一个人对自己的家庭条件、学业水平、健康状况和社会背景等因素的客观评估也很重要。

3. 职业生涯的开始不等于就业

如果说就业是短期目标，职业生涯就是长期目标。短期目标和长期目标协调一致，人的职业生涯才会越来越完美，人生的发展才会越来越顺利。

4. 职业生涯的成功因素

一个人职业生涯的成功不仅与其知识和才能有关，也与其家庭背景和社会关系有关，更与其性格、兴趣、价值观、生活经历和人生态度等有着密切的关系。学生以前面对职业生涯规划可以说比较淡漠或不了解，但步入大学后，应作为首要思考的问题，否则将影响人发展的历程。

（二）人的职业生涯历程

1. 成长阶段

这个阶段一般从人出生至14岁。儿童从辨认周围的事物到逐渐开始意识到自己的兴趣所在，到了青少年时期，已经形成了对自我兴趣和能力的基本看法。

2. 探索阶段

这个阶段一般在15~24岁，是人们即将从学校毕业或者毕业后选择职业的阶段。在这一阶段，个体要根据社会职业需求、所学专业、个人的能力和兴趣的等因素作出自己的职业选择。

3. 确立阶段

这个阶段一般在25~44岁。个人开始尝试适合自己的职业领域。通常多数人愿意将自己锁定在某一已经选定的职业上，但也有很多人受不同因素影响会尝试不同的领域。

4. 维持阶段

这个阶段一般在45~65岁。这一阶段人们通过不断的努力来获得职业生涯的发展和成就，大都在自己的工作领域中有了一席之地，处在维持阶段。

5. 衰退阶段

这个阶段一般在65岁以后，由于体力和智力逐渐衰退，人们职业角色的分量逐渐减少，开始考虑退休后如何安排和享受自己的晚年生活。

（三）影响职业生涯的因素

1. 个人特征

一个人的气质、性格、能力、兴趣、人生观和价值观等特征是直接影响职业生涯发展的因素。一般来说，人们在职业倾向、职业理想、职业技能方面会表现出完全不同的特点，因此会选择不同的职业发展道路。人们对自己的个人特点都有一定的评估，知道自己喜欢做什么，能够做什么，擅长做什么。

2. 社会环境

在人的职业生涯发展历程中，社会环境也是重要的影响因素。从大的方面来说，社会环境包括经济发展水平、社会文化氛围和价值观念等；从小的方面来说，社会环境是指一个人所在岗位的文化氛围、人际关系、管理制度和领导者的水平等。

3. 机遇

一个人在职业发展过程中获得成功，必不可少地受到偶然性因素的影响。其中，机遇对一个人的成功具有举足轻重的作用。俗话说，机遇只青睐那些有准备的人，一个人要想在职业发展中取得成功，就必须抓住机遇来不断充实自己。

（四）职业生涯规划的意义

1. 协助个人认识自我，开发潜能

职业生涯规划不仅可以帮助人们正确认识自身的特点，客观分析自身的优势和劣势，而且有助于人们确定自己的职业兴趣、人生观和价值观。通过对职业要求与个人能力的比较分析，人们可以确定自己在职业技能方面的差距，进而通过科学可行的方法开发自己的潜能，增加自己的职业素养。

2. 促使个人在发展中更有目标，更有动力

职业生涯如一张生命蓝图，引导人们朝着自己的职业理想而努力。人生如果没有目标，就失去了行动的动力。人只有作出恰当的职业生涯规划，为未来的发展树立目标，并按照规划和目标脚踏实地地去努力，才有可能一步步走向成功。

3. 帮助求职者作出理性选择

一个人是否具有明确的职业生涯规划，将直接影响到他的职业选择。研究者在对职业生涯规划的明确性与职业选择的满意度之间的相关性进行研究后发现，一个人的职业生涯规划越明确，他对自己的职业选择越满意；相反，职业生涯规划越不明确，他对自己的职业选择越不满意。在现实生活中，有些人因为不理解职业生涯规划的确切含义，没有认识到职业生涯规划的重要意义，不了解职业生涯规划的程序和技巧，以致在选择职业时随波逐流、盲目从众，无法作出科学理性的决策。

4. 协助个人做好充分的准备

当今社会，求职竞争加剧，细节即可决定职业生涯的成败。人们在求职时，需要充分掌握个人与职业的有关信息，科学地分析主客观形势，做到知己知彼，以不变应万变。职业生涯规划可以帮助人们对自我、职业和环境进行深入的剖析，对各种求职信息进行综合评估，并在此基础上作出正确的决定。

二、职业生涯规划的自我探索

（一）了解自己的职业兴趣

从小我们经常会被问道：“你的理想是什么？”还记得当初的答案吗？如果现在再来问

你，答案是否还如当初一样呢？相信很多人的答案是否定的。因为随着年龄的增长、社会阅历的增加和知识的积累，我们对自己、社会和职业有了更深刻的认识，逐渐在理性的基础上形成相对稳定的职业理想。无论怎样，我们如果真想把自己的职业生涯规划好、做好，就必须清楚我们的职业兴趣。因为只有做自己喜欢做的事情时，才会投入全部的精力，工作效率才会得到极大的提高，也更容易做出成绩来。

谈到职业兴趣，或许很多学生会考虑与自己专业相关的职业与事业，如果你的兴趣恰好是你的专业，那最好不过了。但现实中真正能做到自己的兴趣和专业与工作相关的人却不多。因此我们必须有更多的设想。大学生要了解自己的兴趣，以使自己在职业发展中发挥自己的创造力，获得事业上的成功。

不同的职业兴趣对应着不同的职业，职业兴趣如果可以与职业相匹配，可以激发工作的动力，最大限度地发挥个人潜能。美国心理学家霍兰德（Holland）将职业兴趣分为六种类型，实用型（R）、研究型（I）、艺术型（A）、社会型（S）、企业型（E）、事务型（C），每一种兴趣类型具有不同的特征，对应适合的职业，可以使个体根据自己的职业兴趣进行职业选择，如表 12 - 1 所示。

表 12 - 1　兴趣类型与职业选择

兴趣类型	共同特征	适合职业
实用型（R）	动手能力强，做事手脚灵活，动作协调，愿意使用工具从事操作性强的工作，偏好具体任务，不善言辞，不善交际	适合需要基本操作技能的工作，要求具备机械方面的才能或体力，对从事与机器、运动器材、植物、动物相关的职业有兴趣，并具备相应的能力，如工程师、技术员、机械操作或维修安装工人、木工、电工、鞋匠、司机、测绘员、描图员、农民、牧民、渔民等
研究型（I）	抽象能力强，求知欲强，知识渊博，有学识，有才能，肯动脑筋，善于思考，考虑问题偏理性，喜欢逻辑分析和推理，不愿意动手操作，喜欢独立和富有创造性的工作，不善于领导他人	喜欢智力的、抽象的、分析的、独立的定向任务，要求具备将观察、估测形成理论并寻求最终解决方法的能力，如自然科学和社会科学方面的研究人员，化学、冶金、电子、无线电、电视、飞机等方面的工程师或技术人员，飞行驾驶员，计算机操作人员等
艺术型（A）	喜欢以各种艺术形式的创作来展现自己的才能，实现自身价值，具有特殊艺术才能和个性，乐于创造新颖、与众不同的艺术成果，渴望表现自己的个性，不善于事务性的工作	要求具备艺术修养、创造力、表达能力和直觉，具备用语言、行为、声音、颜色等形式呈现审美、思索和感受的能力，如音乐、舞蹈、戏剧等方面的演员，艺术家编导，教师，文学、艺术方面的评论员，广播节目的主持人，编辑，作者，绘图人员，书法家，摄影家，艺术、家具、珠宝、房屋装饰等行业的设计师等

续表

兴趣类型	共同特征	适合职业
社会型（S）	比较看重社会义务和社会道德，喜欢从事为他人服务和教育他人的工作，喜欢参与解决人们共同关心的社会问题，渴望发挥自己的社会作用	要求具有与人打交道、不断结交新朋友的能力，具备从事提供信息、启迪、帮助、培训、开发或治疗等事务的能力，如教师，保育员，行政人员，医护人员，衣食住行服务行业的经理、管理人员和服务人员，社会工作者，咨询人员，福利人员等
企业型（E）	精力充沛、自信、善于交际，做事有较强的目的性，具有领导才能，喜欢权力地位和物质财富，喜欢竞争，敢冒险	工作以实现机构、政治、社会及经济的目标为宗旨，要求具备经营管理、劝服、监督和领导才能，如项目经理、企业家、政府官员、行政部门和单位的领导者、销售人员、营销管理人员等
事务型（C）	喜欢按计划办事，细心、有条理、工作踏实，不喜欢冒险和竞争，习惯接受他人的领导，忠诚可靠，遵守纪律，不谋求领导职位	要求注意细节、精确性、有系统、有条理的工作，具有记录、归档、根据特定要求组织数据及文字信息的能力，如会计、出纳、统计人员、办公室人员、秘书和文书、图书管理员、外贸职员、保管员、邮递员、审计人员、人事职员等

（二）我能做什么

有人自嘲地说“毕业季就是失业季”。很多大学生在招聘会上看到那么多岗位时感到很茫然，不知道自己究竟能做什么，而用人单位也面临招不到理想人才的局面。毕业的大学生一年比一年多，但是有专业胜任力的人才却少之又少。很多大学生在大学期间都是“及格万岁”，缺乏钻研和实践精神，学习的科目只是为了应付考试，大学过得潇洒又自由。而用人单位需要的是有工作胜任力的人。这就需要大学生在毕业前有一定的工作经验和能力，因为招聘人才目的是给企业创造价值，而不是提供实习和锻炼的场所。因此企业在招聘人才时往往注重“以前从事过什么工作”“有什么样的工作经验”，等等，而大部分毕业生都不知如何回答，或只说自己兼职过服务员、销售员之类的经历。于是一些有专业相关工作经验的学生自然成了“抢手货”。

因此，对于大学生来说，现在能做什么？与其耗时耗精力地谈情说爱，沉迷于网络游戏，不如合理利用时间，做好学业规划，夯实专业基础，寻找实践机会，还可以多掌握一门技术，提高自己的就业能力。

（三）可以做哪些准备

无论选择了什么专业，都需要有一个规划来帮助自己达成目标。所以，我们时常要问自己：“我可以怎样规划我的职业生涯？我现在可以做哪些准备？”如果你期望毕业以后去考公务员，那么，在校期间你可以积极努力，以实际行动争取早日加入中国共产党；积极参加团组织、学生会、学校社团等各级组织，在组织内部认真工作，学会与人相处，学会面对和处理各种矛盾，学会协调、平衡各方关系，还要熟悉常用公文的格式和写作方法；广泛学习各类知识，了解国情、民情，了解国家的大政方针。如果你想要在本专业从事相关工作，可以多了解专业行情，看是否需要从业资格证，如果需要，那么你要加倍努力争取早日拿到它；还要多寻找与专业相关的社会实践，以便把专业知识通过社会实践来更好地掌握。如果你期望以后自主创业，从事商业活动，那么，在校期间你可以积极参加社会实践活动，利用课余时间到企业兼职，熟悉企业的日常运作和管理；尝试创业实践，在校期间可以尝试摆地摊，推销产品，或者开一家小店，自己创业，及早体验创业的酸甜苦辣；积极参加大学生创业计划大赛，从宏观上、理论上为运作企业搭建知识框架；广泛积累人脉，与学校老师、企业老板、同学、好友保持良好关系。总之，大学生在进入职场前，要对自己有个清楚的认识，知道自己想要做什么、可以做些什么。大学期间我们可以做的，是更有针对性地培养自己某方面的能力，为将来的事业开辟道路，做好准备。

【课堂活动】

我心中的岛

假设你得到了一张超级游轮的船票，这艘船可以带你去一座美丽的岛屿生活，现在有六个岛，它们各不相同，你只有一次机会选择一个地方到达。

岛屿 R：自然原始的岛屿。岛上保留有热带的原始植物，自然生态保持得很好，也有相当规模的动物园、植物园、水族馆。岛上居民以手工见长，自己种植花果蔬菜、修缮房屋、打造器物、制作工具。

岛屿Ⅰ：深思冥想的岛屿。岛上人迹较少，建筑物多僻处一隅，平畴绿野，适合夜观星象。岛上有多处天文馆、科博馆以及科学图书馆等。岛上居民喜好沉思，追求真知，喜欢和来自各地的哲学家、科学家、心理学家等交流思想。

岛屿 A：美丽浪漫的岛屿。岛上充满了美术馆、音乐厅，弥漫着浓厚的艺术文化气息。同时，当地的原住民还保留了传统的舞蹈、音乐与绘画，许多文艺界的朋友都喜欢来这里找寻灵感。

岛屿 S：温暖友善的岛屿。岛上居民个性温和、十分友善、乐于助人，社区均自成一个密切互动的服务网络，人们多互助合作，重视教育，弦歌不辍，充满人文气息。

岛屿 E：显赫富庶的岛屿。岛上的居民热情豪爽，善于企业经营和贸易。岛上的经济高度发展，处处是高级饭店、俱乐部、高尔夫球场，来往者多是企业家、经理人、政治家、律师等，衣香鬓影，夜夜笙歌。

岛屿 C：秩序井然的现代岛屿。岛上建筑十分现代化，是进步的都市形态，以完善的户政管理、地政管理、金融管理见长。岛上的生活井然有序，居民个性冷静保守，处事有条不紊，行事细心高效。

1. 如果让你待在岛上一个月，你会选择哪个岛屿？为什么？

2. 如果让你在岛上度过一生，你会选择哪个呢？

____

3. 你两次选择的岛屿一样吗？你有什么发现？

____

你正在进行的是霍兰德职业兴趣测验，六个岛屿代表着六种典型的职业兴趣类型。R岛的职业兴趣类型是实用型，I岛是研究型，A岛是艺术性。S岛是社会型，E岛是企业型，C岛是事务型。

实用型（R）：这类人愿意从事事务性的工作，喜欢技术性和体力性的工作以及各种修理工作，喜欢与机械打交道，他们的兴趣在大自然和户外；不喜欢模糊的、抽象的问题，不善于交际，不喜欢在办公室工作。典型职业为工程师、木匠、机械业和军事工作等。

研究型（I）：有明显科学倾向，喜欢收集和处理信息，喜欢探索和理解事物、分析和解释资料，倾向于独立工作，具有分析概括和抽象思考能力。典型职业为生物学家、数学家、物理学家以及实验室工作人员等。

艺术型（A）：喜欢创作，重视审美品质，自我表现欲和参与性很强，在活动中表现出艺术兴趣，喜欢写作文字、动作、音乐、色彩。典型职业为音乐家，画家、作家以及室内装潢等。

社会型（S）：喜欢与人打交道，喜欢帮助别人、与他人合作，善于与人交往，善解人意。典型职业为教师、社会工作者以及社会服务性人员等。

企业型（E）：喜欢领导和支配别人，追求领导地位和权力，为了达到个人目的而善于去说服别人，喜欢竞争，希望成就一番事业。典型职业为企业家、官员、经理人员以及市场或销售人员等。

事务型（C）：喜欢组织和处理数据，喜欢具体的、实际的、有秩序的工作，希望确切知道工作的要求和标准，愿意在公司或政府机关工作，但处于执行和从属的地位，工作认真细心，条理性好。典型职业为会计师、银行出纳以及档案文书等。

三、大学生职业生涯规划设计

职业生涯是人一生成长和发展的历程，关系到一个人的职业成就和人生幸福，因此大学生应做好自己的职业生涯规划。

（一）大学生职业生涯规划的原则

1. 连续性原则

大学生在大学期间应当根据个人的发展和社会形势的变化对自己的目标作出调整，保持职业生涯发展目标的连续性。即使大学毕业后，也应当如此，并要使之贯穿一生。如果职业生涯目标不具有连续性，大学生就很难将职业生涯规划贯穿始终，从而无法最终实现自己的职业理想。

2. 量化原则

除了将个人的目标体系进行量化，大学生还应当将相关职业的要求也尽可能地量化，明确自己在不同阶段应当提高哪些方面的知识、能力和专业技能。如大一可以广泛了解各种职业的基本信息，提高自己的基础能力和综合素质；大二可以在专业理论学习的基础上培养自己的专业技能；大三可以逐渐熟悉自己所从事职业的运行情况。

3. 实际性原则

大学生在进行职业生涯规划时，要根据自己的能力、兴趣、性格、气质等特点来确定适合自身发展的目标，不可好高骛远，不切实际。同时还要熟悉外界环境对目标实现的影响，并将外部的干扰减至最低。

4. 激励性原则

很多大学生因为没有考上自己心目中理想的大学而学习积极性不高，甚至自暴自弃。对于这部分大学生而言，可以制定激励性的职业生涯设计方案，通过在不同阶段设立相应的激励性目标，将自己学习和工作的积极性激发出来，从而为实现更高的目标做出更多的努力，并最终实现自己的职业理想。

（二）大学生职业生涯规划的步骤

一个人的职业生涯发展贯穿一生，是一个漫长的过程。如何进行职业生涯规划？这是决定人生成败的大事。为了防止决策失误，出现不好的结果，大学生在进行职业生涯规划时应当遵循必要的步骤。

1. 认识自我特点，挖掘自我潜能

俗话说“知己知彼，百战不殆”。大学生要做好职业生涯规划，首先要认识自我，挖掘自我的潜能。大学生不仅要从整体上对自我进行全面的总结，而且要多层次多角度地分析自己，客观地了解自己各方面的优势与劣势，了解自己的性格特点，明确自己的职业兴趣，了解自己的能力倾向，以及了解自己的价值观，避免因自我定位不当而使职业生涯规划失败。

2. 正确认识环境，确立职业目标

确立职业目标是职业生涯规划的关键。一个人的事业能否成功，在很大程度上取决于有无正确适当的目标。但是环境能否满足你的要求，能否为你的职业发展提供支持，这是职业规划要考虑的另外一个重要问题。设定职业生涯目标，是一个人在充分做好自我分析和内外环境分析的基础上进行的。职业生涯目标分为短期、中期、长期和终生四个。短期目标一般为1~2年，具体包括日目标、周目标、月目标和年目标。为了自我成长的需要，还要为自己制定一个长期目标，并为实现这一长期目标而制订出相应的短期计划。制定目标时，要依据自己的能力、性格特点及客观现实，而不能盲目追随他人，也不能主观臆断。

3. 培养职业兴趣

现代社会分工越来越细，职业种类越来越多，职业间的差异也越来越大。人们不可能适应社会上的所有职业，因此必须对职业进行选择。大学生一方面要考虑当今时代的发展需要，另一方面也要结合自身的职业兴趣进行选择。在选择职业时，大学生要针对自己的兴趣确定职业范围，职业范围不易过宽，也不易过窄。过宽的职业范围会使大学生变得盲目，进行职业选择时没有针对性；过窄的职业范围不利于大学生发现适合自己的发展机会。在确定职业范围时，大学生可以将自身的职业兴趣、性格、气质、能力等个人特征与相关的职业信息进行匹配，从而获得清晰的职业选择意向。

4. 培养职业能力

在确定了职业生涯目标后，最重要的就是要有行动的计划和策略。没有扎实的行动和行之有效的策略，再好的目标也难以实现。首先加强理论知识的学习；其次需要参加各种实践活动；加强定向职业能力的培养；探索适合自己的培养方式。

5. 评估与反馈

大学生在实施职业生涯规划的过程中，要特别注意对结果的评估和反馈。有些大学生由于没能及时更新所掌握的职业信息，不了解主客观因素的变化，不得不接受职业生涯规划失败的现实。因此，对职业生涯规划的结果进行反复评估与反馈十分重要。评估与反馈的主要内容包括职业目标的重新选择、职业的重新定位、中期和短期目标的重新调整、具体行动措施与计划的重新制订等。

【课堂实践】

技能班的春天

活动目的：

（1）在现实生活中，许多人对自己的能力认识不清楚，致使他们在选择职业时要么妄自尊大，要么妄自菲薄，结果只能使自己在职业生涯中遭遇挫折和失败。本活动旨在帮助大学生客观地认识自己的技能，了解自己的特长。

（2）人们往往通过他人的言谈举止来认识自己的特点。如果遭到他人的蔑视，人们可能会丧失自信，在他人面前抬不起头来。本活动可以帮助大学生学会客观地认识自己和他人，学会接纳自己，在任何时候都能肯定自己。

（3）在当代社会，多元化的价值观、纷繁复杂的职业倾向使许多大学生不能对自己的未来职业进行清晰的规划，不知道未来何去何从。本活动将帮助大学生想象未来的职业发展，确定自己的职业理想。

（4）世界上没有两片完全相同的叶子，每个人都有自己的优点和缺点，这也许就是一个人的特色。本活动旨在告诉大学生不必盲目和他人比较，每一个人都是独一无二的。

活动地点：视听教室。

活动时间：45 分钟。

活动器材：纸、笔、音乐光盘、活动桌椅

活动流程：

（1）优点轰炸。在轻松愉快的音乐声中，将学生分为几个小组让他们进行充分交流，之后每组选择一人说出自己的职业理想以及其他人的三个优点。

（2）独一无二。每人拿一张纸，左边写下自己的优点，右边写下自己的缺点，两个人相比较，看看有什么相同的地方，有什么不同的地方。之后小组之间进行讨论，说说这世界上的事物，如树叶、动物和人，有没有完全一样的。

（3）幻想交流。两人一组相互交流下面这些问题：再过十年，自己正在从事什么职业？自己的职业理想是否能实现？如果会有遗憾，现在应该做哪些弥补？

（4）模拟面试。两人一组，一人做主考官，另一人做求职者，通过一问一答的方式看双方的言行表现。大家谈谈求职者和主考官的语言和动作是否恰当得体，存在哪些不足。

【心灵影院】

《中国合伙人》

20 世纪 80 年代，三个怀有热情和梦想的年轻人在高等学府燕京大学的校园内相遇，从此展开了他们长达 30 年的友谊和梦想征途。出生于留学世家的孟晓骏（邓超饰）渴望站在美国的土地上改变世界，浪漫自由的王阳（佟大为饰）尽情享受改革开放初期那蓬勃激昂的青春气息，曾两次高考落榜的农村青年成冬青（黄晓明饰）以孟晓骏为目标努力求学，并收获了美好的爱情。然而三个好友最终只有孟晓骏获得美国签证，现实和梦想的巨大差距让成冬青和王阳备受打击。偶然机缘，被开除公职的成冬青在王阳的帮助下办起了英语培训学校，开始品尝到成功的喜悦。在美国发展不顺的孟晓骏回国，并加入学校。最终三个好友经过共同奋斗实现了“中国式理想”。

【心灵书架】

《生涯咨询与辅导》

作者：金树人。

出版社：高等教育出版社。

内容简介：这本书系统介绍了生涯咨询与辅导的相关理论与实践方法，是学生生涯辅导必备的参考书籍。书中对于生涯理论的介绍非常详细，也涉及具体的应用。在实践层面介绍了个体生涯辅导和团体干预的有关技术及流程。

参考文献

[1] 胡谊，张亚，朱虹，大学生心理健康教育［M］. 上海：华东师范大学出版社，2019.

[2] 朱育红，潘力军，王爱丽，大学生心理健康教育课堂互动手册［M］. 上海：华东理工大学出版社，2015.

[3] 俞国良，大学生心理健康［M］. 北京：北京师范大学出版社，2019.

[4] 编委会编，青春 理性 成长：大学生心理健康教育［M］. 北京：首都师范大学出版社，2018.

[5] 汪丽华，何仁富，大学生心理健康与生命教育［M］. 北京：北京师范大学出版社，2014.

[6] 樊富珉，王建中，当代大学生心理健康教程［M］. 2 版. 武汉：武汉大学出版社，2014.

[7] 周莉，刘海娟，大学生心理健康教育［M］. 2 版. 北京：中国人民大学出版社，2015.

[8] 王祥君，大学生心理卫生与发展［M］. 重庆：重庆大学出版社，2018.

[9] 夏翠翠，大学生心理健康教育（慕课版）［M］. 2 版. 北京：人民邮电出版社，2019.